© Verlag Zabert Sandmann GmbH, München
1. Auflage 1996
Redaktion: Antje Grüner
Art Director: Hartwig Kloevekorn
Fotos: Christian R. Schulz (Food), Alexander Haselhoff (Reportage)
Herstellung: Peter Karg-Cordes
Lithografie: Kruse Reproduktionen, Vreden
Druck: Mohndruck, Gütersloh
ISBN 3-924678-88-X

In Zusammenarbeit mit der Teleteam GmbH Quickborn

HERING & CO.
MATJES, BÜCKLING UND KONSORTEN

Marion Kiesewetter
Meine besten 80 Rezepte

Als Tochter eines Fischgroßhändlers
bin ich mit Frischfisch aufgewachsen.
Als junges Mädchen schwärmte ich jedoch mehr
für Schauspielerei als für das Handelsgeschäft.
Also hieß es für mich erst einmal
Kurs Showbusineß.
Nach dem erfolgreichen Besuch der
Schauspielschule in Hamburg und einer
Gesangsausbildung wurde ich
Filmschauspielerin und Musical-Darstellerin.
Filmaufnahmen führten mich durch alle Länder
Europas, ausgedehnte Urlaubsreisen nach Fernost und Amerika.
Meine Vorliebe für gutes Essen und eine phantasievolle
Fischküche waren dabei meine ständigen Begleiter.
Als neugierige Topfguckerin holte ich nach einem guten Essen
immer sofort das beste Rezept und dazu viele Profi-Tips ein.
Mein Reisetagebuch hatte schließlich Kochbuch-Charakter.
Klar, daß mein Hauptinteresse dem Fisch galt.
Und da ich ein Heringsfan bin, habe ich mich von Köchen
in aller Welt inspirieren lassen.
Mein Fazit: Matjes, Bückling und Konsorten –
das ist phantastische Fischküche.
Als Fernsehköchin in der Serie „Bi uns to Hus" bin ich wieder
beim Fisch gelandet. Dort können Sie mir live zusehen,
wenn ich mit viel Begeisterung Heringsgerichte präsentiere.
Meine Schatztruhe voller Heringsrezepte aber
halten Sie mit diesem Buch in Ihren Händen.

Haben Sie Appetit bekommen?
Viel Spaß beim Lesen, Brutzeln und Kochen!
Einen Heißhunger auf Hering nach neuer Art wünscht Ihnen

Ihre Marion Kiesewetter

INHALT

LAND & LEUTE
Schleswig-Holstein lädt ein   Seiten 6-13

RUND UM DEN HERING
Ein Interview mit dem Fischgroßhändler
Torsten Oesmann zum Thema Hering   Seiten 14-15

HERINGS-KLASSIKER
Botschafter mit Tradition   Seiten 16-25

EINGELEGT UND MARINIERT
Wenn der Hering baden geht   Seiten 26-35

RAFFINIERTE HAUPTGERICHTE
Heringe für Heißhungrige   Seiten 36-47

PARTY-SNACKS UND SALATE
Heringsflotte in Sicht   Seiten 48-59

HERING NACH INTERNATIONALER ART
Ins Netz gegangen   Seiten 60-73

DER KLEINE IMBISS
Herings-Schwärmereien für zwei   Seiten 74-81

KRÄFTIGE BEILAGEN ZUM HERING
Die besten Partner   Seiten 82-91

Rezeptverzeichnis   Seiten 92-95

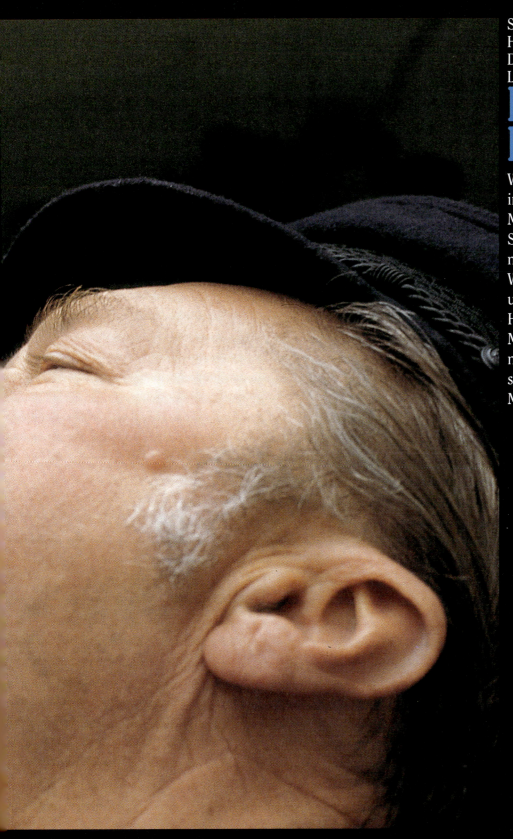

SCHLESWIG-HOLSTEIN:
DER NORDEN
LÄDT EIN
LAND & LEUTE

Willkommen im Land zwischen den Meeren mit seinen Stränden, dem Wattenmeer, steilen Küsten, Wiesen, weiten Feldern und Seen. Hier begegnen Ihnen Menschen, die eng mit der Region verwurzelt sind – und die für Matjes schwärmen!

TRADITION IST HIER NOCH LEBENDIG

Schleswig-Holstein in der Werbung: Das ist die Kieler Woche, das Schleswig-Holstein Musik-Festival, die Türme und Tore der Hansestadt Lübeck und die Strände an Nord- und Ostsee. Zwischen diesen Highlights gerät das eigentliche Schleswig-Holstein leicht in Vergessenheit. Es ist eine Landschaft mit vielen Gesichtern, die keinen aufhält, weil sie dem Betrachter nichts Spektakuläres bietet. Richtung Nordfriesland sind es die weiten, ins Endlose fließenden Felder und ein Horizont, der nahtlos in den Himmel übergeht. Richtung Osten reihen sich die sanften Hügelketten der Holsteinischen Schweiz aneinander.

Erst der aufmerksame Betrachter, der sich Zeit nimmt, in Muße zu verweilen, erkennt das wahre Gesicht dieses Landes. Geest und Marschen, Heide, Felder und Seen, dazwischen verschlafene kleine Ortschaften, die in ihrer Stille die Ruhe einer längst vergangenen Idylle ausstrahlen, sie verschmelzen unmerklich zu einem Ganzen. Dünen, Wattenmeer, Deiche und Steilküsten fügen sich harmonisch zu Bildern, die den Großstadtstreß vergessen lassen.

Liebe auf den ersten Blick gibt's hier nicht. Diese Landschaft muß jeder für sich erobern, dann lernt man sie lieben, dann läßt sie den Besucher nicht mehr los. Und so, wie die Landschaft sich präsentiert, sind hier die Menschen. Von ihnen wird leichtfertig gesagt, sie wären unnahbar. Das stimmt nicht. Sie suchen nur nicht aufdringlich Kontakt zu Fremden. Ihren Charme muß man entdecken, er offenbart sich nicht gleich. Das „Wort" wird sparsam verwandt, „Dummtüch" wird nicht gesprochen. Hier lebt man stets nach der Devise „Watt mutt, dat mutt"! – Und macht es!

Dächer aus Stroh: Die Kunst des Reetdeckens ist Schwerstarbeit. Nur wenige Dachdecker üben sie noch aus.

Kommen nicht aus der Mode: Typische Clogs mit dicker Holzsohle und Lederkappe. Der traditionelle Holzschuh wird noch heute in kleinen Handwerksbetrieben gefertigt.

Schiffsbaukunst in Miniformat: Originalgetreu nachgebaut, wird das Schiff, schmal zusammengelegt, durch den engen Flaschenhals in die Flasche geschoben.

LAND & LEUTE

Ein seltenes Bild, das die Sehnsucht nach der guten, alten Zeit lebendig werden läßt. Ein Fischer prüft jeden Zentimeter seiner Fangnetze auf Löcher, die dann per Hand zuammengeknüpft werden.

HEILE NETZE SIND VORAUSSETZUNG FÜR GUTE BEUTE

Wer einmal auf einem kleinen Fischkutter mit aufs Meer hinausgefahren ist, weiß von der harten Arbeit an Bord – nicht nur bei rauher See. Eine Zwei-Mann-Besatzung übernimmt die Aufgaben von Kapitän, Matrose, Steuermann und Maschinist. Wenn die Netze von der Trommel gerollt werden, beginnt für sie das Warten: Prallvolle Netze sind selten geworden, das Geschäft mühsam. Mehrmals müssen die Netze eingeholt werden, damit eine Fahrt sich überhaupt lohnt. Nur noch wenige Fischer können vom Fang leben. Um so mehr freuen sich Einheimische und Touristen, wenn man im Niendorfer Hafen in aller Herrgottsfrühe Heringe, Schollen und Ostsee-Dorsch fangfrisch vom Kutter kaufen kann.

Und auch die Restaurants werben mit Fisch-Spezialitäten: Mai-Scholle mit Speckstippe, frisch gebratene Heringe, soviel man essen kann, Dorsch oder Schellfisch in Senfsauce. Das sind hier die Küsten-Klassiker.

Büsum ist bekannt für seine Krabben. Frisch gepult zu Bratkartoffeln oder Schwarzbrot – ein Hochgenuß.

Köstlicher Räucherfisch ist hier ebenso gefragt wie „Gröner Aal" oder frische Forellen und Karpfen aus Seen und Teichen.

Wer Geschichten von zentnerschweren Stören und Kaviargenuß im Überfluß als Seemannsgarn abtut, liegt falsch. Vor einem Jahrhundert war beides noch Wirklichkeit an der Küste Schleswig-Holsteins.

MEERUMSCHLUNGEN UND IMMER BODENSTÄNDIG

Das Land zwischen den Meeren, so nennt sich Schleswig-Holstein stolz. Auf der einen Seite die zuweilen wild tobende Nordsee mit ihrem Reizklima, geprägt durch den Rhythmus von Ebbe und Flut und dem sich weit auftuenden Wattenmeer – auf der anderen Seite ihre sanfte Schwester, die ruhige Ostsee, mit kaum merklichem Gezeitenwechsel. Das Land dazwischen trägt eigene Charakterzüge. Wer nach Westen fährt, findet verträumte Städtchen, kleine Ortschaften und Dörfer, in denen die Zeit still zu stehen scheint. Mondäner und lauter ist der Küstenstreifen an der Ostsee, wo sich ein Badeort an den anderen reiht.

Zwischen westlicher Stille und östlichem Rummel herrscht beschauliche Ruhe. Die Landeshauptstadt Kiel, die Häfen Flensburg und Lübeck sind die Zentren für Handel, Schiffahrt und Kultur.

Schleswig-Holstein hat seit der Zeit um 800 n. Chr. viele Stürme und Machtkämpfe überstanden. Die Herzogtümer Schleswig und Holstein sahen ihre einzige Hoffnung auf Frieden darin, den Dänenkönig Christian I. zu ihrem Landesherrn zu wählen.

Sein Versprechen „Up ewich ungedelt" schaffte, bis auf einige Ausnahmen, Frieden. Im späten 18. Jahrhundert erlebte Schleswig-Holstein eine kulturelle und wirtschaftliche Blüte. Erst der Deutsch-dänische Krieg 1864 besiegelte die endgültige Trennung von den fremden Fürsten: Schleswig-Holstein wird Teil des Deutschen Reiches.

Strandhafer schützt den Dünensand vor „Verwehungen". Deshalb heißt es auf Dünen meist auch: Betreten verboten!

Schafherden ziehen gemächlich vorüber. Sie pragen das Landschaftsbild Ostfrieslands mit seinen saftigen Wiesen und einer würzig-salzhaltigen Luft.

EIN KURZER BLICK IN PÜTT UN PANN

Unter stahlblauem Himmel glänzen goldene Kornfelder im Sonnenlicht. Die Ernte ist eingefahren, das Stroh winterfertig aufgerollt.

Noch recken die schneeweißen Gänse ihre Hälse und schnattern munter drauflos. Erst am 11.11., dem traditionellen Martinstag, endet ihr fröhlich-freies Leben.

Nicht verstummen will die Gerüchteküche: Der Norden habe kulinarisch nichts zu bieten! Ein Vorurteil, das ins rechte Licht gerückt werden muß.

Wo Wind und Wetter an den „Kräften" zehren, wird bodenständig-deftig gekocht, aber mit besten Zutaten. Die Kunst liegt in der einfachen Zubereitung, ohne Tüddel. Für neumod'schen Krom ist kein Platz!

Bei klirrendem Frost schmeckt Grünkohl. Der Teller Labskaus weckt Windjammer-Nostalgie. Frische Suppen mit Gemüse der Saison stehen das ganze Jahr über hoch im Kurs: Als Hochzeitssuppe „gefeiert", als Aalsuppe willkommen. Ihre besondere Note: Söötsur (süßsauer) müssen sie sein – durch die Beigabe von Obst. Eine Komposition, die ebenso für Birnen, Bohnen und Speck und den Dithmarscher Mehlbüdel (einem im Tuch gekochten Teigkloß, mit Schweinebacke und Backobst) zutrifft. Aus der alten grauen Hafergrütze mit Fruchtsirup ist schon lange ein fruchtiger Desserttraum geworden. Himmlisches Backwerk schmeckt zum Ostfriesentee oder einem Pharisäer – einer starken Tasse Kaffee mit einem tüchtigen Schuß Rum und einer Sahnehaube gekrönt.

Junge Köche setzen jetzt die Maßstäbe: Der leichte Genuß mit traditionellen Elementen hält Einzug in Kneipen und Restaurants. Für Besucher eine erfreuliche Tatsache, der bodenständige Schleswig-Holsteiner ißt immer noch am liebsten „bi Modern".

HAGENAH – FISCHGROSSHANDEL MIT TRADITION

Der Fischgroßhandel HAGENAH ist ein alteingesessener Hamburger Familienbetrieb. Heinz Oesmann, kompetenter Fachmann, wenn es ums Thema Fisch geht, führt den Betrieb zusammen mit seinem Sohn Torsten in der vierten Generation. 1994 feierte die Familie ihr 100jähriges Firmen-Jubiläum.

Angefangen hat alles auf dem weltberühmten Hamburger Fischmarkt, wo die Urgroßmutter vom Fischkarren frischen Hering und frische Schollen verkaufte. Karsten Hagenah eröffnete 1894 den eigenen kleinen Fischgroßhandel mit einem Startkapital von 350 Goldmark.

Aus dem Zwei-Mann-Betrieb ist ein beachtliches Unternehmen mit 100 Angestellten geworden, das jährlich 1500 Tonnen Frischfisch vermarktet. 90 Prozent werden in eigener Regie weiterverarbeitet.

Handwerkliches Können setzt den Maßstab: bei der Zubereitung von köstlichen Heringssalaten, ebenso wie in der hauseigenen Räucherei, in der grüne Heringe zum gold-glänzenden Bückling werden. Und hier reift der frische Hering unter fachkundiger Kontrolle zu Matjes und Bismarck.

Grund genug, den Fachmann Torsten Oesmann in Sachen Hering zu befragen.

Welchen Stellenwert hat der Hering im reichhaltigen Fischangebot?
Da sprechen die Zahlen für sich. Weltweit ist der Hering mit etwa ein Drittel des gesamten Fischfangs die Nummer eins. In Deutschland liegt sein Marktanteil bei knapp 40 Prozent. Gerade unter Feinschmeckern ist der Hering heute salonfähig. Lange Zeit war er als Arme-Leute-Essen verpönt. Er ist zur Delikatesse geworden.

Wo wird der Hering gefangen?
In unseren Breiten befinden sich die wichtigsten Fanggründe: in der Nordsee und im Skagerrak sowie im Kattegat und in der Ostsee. Kattegat-Hering zählt mit zu den besten. Heringsschwärme haben keinen „festen Standort", sie wandern. So wird aus dem Ostseehering, der zur Schlei wandert, ein Schleihering. Einmal im Jahr, zur Laichzeit, ziehen die Heringsschwärme in ruhige Gewässer, z.B. in die Ostsee.

Wie geht der Hering ins Netz?
Tagsüber halten sich die Heringe in Meeresbodennähe auf, während sie nachts dicht unter die Wasseroberfläche steigen. Das ist die beste Zeit zum Abfischen. An der Küste ist Heringsfang mitunter noch ein Tagesgeschäft und erinnert an vergangene Fischerei-Romantik. Kleine Fischerboote laufen nachts aus und kehren mit dem sogenannten „Tagesfang" an Land zurück, wo der fangfrische Fisch schnell seine Abnehmer findet. Die große Masse stammt aber von technisch sehr gut ausgerüsteten Hochseekuttern, auf denen der Hering gleich auf Eis gelegt wird.

*Nach seinem Lieblingsgericht gefragt, antwortet Torsten Oesmann spontan: „Am liebsten esse ich Matjes auf deftigem Schwarzbrot mit frischer Butter."
Nach einer Pause erweitert er sein Heringsrezept um ein paar Zutaten: „Manchmal gibt's dazu noch eine milde Sahnesauce mit Äpfeln und Zwiebeln. Das ist dann aber auch schon alles!"*

*Ein Geheimtip weit über die Grenzen Hamburgs hinaus: In der Firma HAGENAH können auch Privatpersonen Fisch von bester Qualität kaufen. Der lange Verkaufstresen ist reich mit den Schätzen des Meeres gefüllt: Hier gibt es alles, was das Herz begehrt: vom Seefisch über den Süßwasserfisch bis hin zu Schalen- und Krustentieren.
Fachkundige Beratung gehört ebenso selbstverständlich zum Service wie ein erlesenes Angebot an Weißweinen, die ein Fischessen erst zum Festessen werden lassen.*

Woher kommt der Name grüner Hering?
Frischer Hering wird immer als grüner Hering bezeichnet. Hält man einen Fisch ins Sonnenlicht, schimmert er phosphor-grün-silbrig, der Heringskopf ist grün. Übrigens: Grüne Heringe sind in Norddeutschland eine beliebte Spezialität. An der Küste fehlen sie auf keiner Speisekarte.

Woran erkenne ich die Frische?
Zunächst gilt hier wie bei jedem Fisch: Er darf nicht unangenehm riechen. Der Duft nach frischer Meeresbrise ist ein Zeichen für seine Frische. Ein ganzer Hering schimmert silbrig, hat klare Augen, rosa Kiemen, und sein

Kopf darf keine Rotfärbung aufweisen. Der bereits küchenfertig gemachte Hering hat eine glänzende Oberfläche, die Bauchhöhle hat eine saubere Fleischfarbe, ohne braune Stellen.

Was ist ein Matjes?
Mit den ersten wärmenden Sonnenstrahlen im Frühling vermehrt sich das Plankton schnell um ein Vielfaches. Das sind die Weidegründe für den mageren Hering, auch Ihle genannt. Er kann sich jetzt an den Vitalstoffen des Planktons fettfressen. Nach dem Laichen und dem Heranwachsen der jungen Heringe werden diese, die dann noch keine Geschlechtsreife haben, Matjes genannt. Sie enthalten keine Milch und keinen Rogen. Die Matjes werden nach dem Fang gesalzen. Anschließend tritt ein natürlicher Reifungsprozeß durch bestimmte körpereigene Enzyme ein, der das eiweißreiche und zugleich fettreiche Fleisch des Matjes allerdings nur begrenzt haltbar macht.

Woher kommt der Name Matjes?
Das Wort Matjes stammt ab vom holländischen *Meisje* – übersetzt *Mädchen*, deshalb spricht man auch vom jungfräulichen Hering.

Wann ist Matjes-Saison?
Den besten Matjes gibt's im Juni und Juli. In den Niederlanden wird am 24. Juni das erste Matjesfaß zu Ehren der Königin geöffnet, und das wird entsprechend gefeiert. Hat die Königin eine Kostprobe genommen, bringen Botschafter die frohe Matjeskunde nach Deutschland: Im ganzen Land wird die Matjessaison ausgerufen. Es finden Festumzüge statt, und der Werbefeldzug der Matjesverkäufer geht bis in den Süden der Nation.

Gibt es Qualitätsunterschiede?
Der Salzanteil wirkt sich auf Aroma und Geschmack des Matjes aus.

Da läuft einem das Wasser im Mund zusammen: Reihenweise frisch geräucherte Heringe kommen als Bücklinge aus der Räucherkammer.

Holländer bevorzugen einen mild gesalzenen Matjes mit einem Salzanteil bis zu drei Prozent. Dagegen reift deutscher Matjes in einer Salzlake, die vier bis fünfmal konzentrierter ist.
Erst ein anschließendes Wässern läßt diesen Matjes „mild" in den Handel kommen.
Eine andere Variante ist der nordische Matjes, der durch Zuckerzusatz sein typisches Aroma erhält.

Was sind Jager-Matjes?
Diese Art der Matjes-Verarbeitung ist heute aus lebensmittelhygienischen Gründen nicht mehr erlaubt. Es war ein an Bord gekehlter (Kiemen und ein Teil der Eingeweide werden entfernt), in Fässern eingesalzener Matjes. Der erste Fang wurde von schnellen Schiffen, den sogenannten Jagern eingesammelt und an Land gebracht.

Was ist ein Bismarckhering?
Der filetierte Hering reift zunächst in einer kalten konzentrierten Essig-Lake. Erst anschließend erhält er durch die sogenannte Aroma-Lake aus Wasser, Zucker, Lorbeer, Gewürzen und Zwiebeln seinen typischen Geschmack.

Wie wird der Hering zum Bückling?
Als Bückling bezeichnet man den hängend im Buchenholz geräucherten Hering. Eine Spezialität sind Aalrauch-Matjes, die wie Räucheraale über Eichenholz mild geräuchert werden.

Was ist ein Salzhering?
Grundlage dafür ist der sogenannte Fetthering, der zwischen dicken Salzschichten in Fässern reift. Er sollte vor dem Verzehr unbedingt gewässert werden. Salzheringe werden von einigen als bestes Mittel gegen Kater gepriesen, weil dem Körper nach zuviel Alkohol Salz fehlt.

Wie gesund ist der Hering?
Hering hat einiges zu bieten. Er ist reich an Vitamin B 1, B 2 und B 12 sowie Vitamin A. Er enthält wichtige Mineralstoffe und Spurenelemente. Mit einem Matjesfilet wird z. B. der gesamte Tagesbedarf an Natrium und ein Viertel des Jodbedarfs gedeckt. Außerdem haben die Fettsäuren eine positive Wirkung auf den Cholesterinspiegel. Es haben
100 g grüner Hering ca. 230 Kalorien,
100 g Matjes ca. 270 Kalorien,
100 g Bückling ca. 230 Kalorien und
100 g Bismarck ca. 210 Kalorien.

1

BOTSCHAFTER
MIT TRADITION:
HERINGS-KLASSIKER

Regionale Spezialitäten sind in der modernen Küche wieder ganz aktuell und bei Feinschmeckern sehr geschätzt. Deshalb gebührt ihnen der erste Platz in der großen Heringsparade.

SCHIMMELREITER

GEBRATENE GRÜNE HERINGE
(4 Personen)

8 mittelgroße grüne Heringe (vom Fischhändler bratfertig gemacht)
Salz
8 TL gehackte Kräuter (Petersilie, Basilikum oder Estragon)
2 EL Öl
100 g Butter
Zitronenscheiben zum Anrichten

Heringe abspülen und trockentupfen. Innen und außen salzen. In das Innere eines jeden Herings die Kräuter geben. Eine große Pfanne zuerst ohne Fett erhitzen.
Das Öl hineingießen und heiß werden lassen. Butter zufügen und erhitzen. Heringe hineinlegen und bei mittlerer Hitze auf beiden Seiten (insgesamt 7-8 Minuten) bräunen. Beim Wenden aufpassen, daß die Heringe nicht zerfallen. Am besten einen Pfannenwender nehmen, der sich unter den ganzen Hering schieben läßt.
Heringe auf einer möglichst vorgewärmten Platte anrichten, den Bratensaft darübergießen und mit Zitronenscheiben garnieren.

Dazu schmecken Salzkartoffeln und ein frischer Blattsalat mit Gurkenscheiben und Essig-Öl-Marinade.

SCHIMMELREITER

Theodor Storms Novelle „Der Schimmelreiter", in der dramatisch der Kampf gegen Sturmflut und Deichbruch beschrieben wird, ist heute noch spannende Lektüre. In seiner Geburtsstadt Husum, der er das Prädikat „Graue Stadt am Meer" gab, können Besucher auf Storms Spuren wandeln und in Hockenbüll bei Husum in seinem Lieblingsrestaurant „Zum Krug" einkehren. Hier erfuhr ich, daß dieses Heringsgericht zu den bevorzugten Spezialitäten des Dichters zählte. – Mit Vergnügen hörte ich ganz nebenbei von der leidenschaftlichen Liebesaffäre Theodor Storms mit einem jungen hübschen Mädchen namens Friederike Petersen.

1. Kapitel

*Eine alte Bauersfrau, auf die Deern Rieke angesprochen,
kam sofort ins Plaudern. Sie schloß mit den Worten:
"Se weer jo ehr Leben lang unverheiratet, weil se ehren Leevsten
de ganze Tied natrauert hett. Se weer hier inne ganze Gegen bekannt;
aber von den dorn Theodor Storm het man nie wedder watt hört."
Für alle, die kein Platt verstehen:
"Sie war ja ihr Leben lang unverheiratet, weil sie ihrem Liebsten
die ganze Zeit nachgetrauert hat. Aber von diesem gewissen
Theodor Storm hat man nie wieder etwas gehört."*

KLUTSTOCKSPRINGERS STÄRKUNG

MATJES MIT GRÜNEN BOHNEN, SPECKSAUCE UND PELLKARTOFFELN

(4 Personen)

1 kg Kartoffeln
Salz
1 kg grüne Bohnen
4 Zwiebeln
8-12 Matjesfilets
250 g geräucherten durchwachsenen Speck
1 Bund Petersilie

Kartoffeln gründlich abbürsten und mit Schale in Salzwasser 20-25 Minuten kochen. Bohnen putzen und in leicht gesalzenem Wasser 10-12 Minuten garen. Zwiebeln pellen und in dünne Ringe schneiden.

Matjes abspülen und trockentupfen. Speck fein würfeln und in einer Pfanne knusprig auslassen.
Bohnen und Kartoffeln abgießen. Kartoffeln pellen. Bohnen mit gehackter Petersilie bestreuen. Kartoffeln mit der Specksauce übergießen.
In vorgewärmten Schüsseln anrichten. Eiswürfel auf eine tiefe Platte geben. Darauf die Matjesfilets legen und mit Zwiebelringen dekorieren.

MEIN TIP

Dazu schmeckt ein gut gekühltes Pils. Da die Bitte nach einem Verdauungsschnaps bei diesem deftigen Gericht bestimmt auftaucht, habe ich immer eine Flasche Aquavit im Tiefkühlfach parat.

KLUTSTOCKSPRINGERS STÄRKUNG

Eiderstedt ist eine Halbinsel an der Nordseeküste, die im Laufe der Jahrhunderte dem Meer abgetrotzt wurde. Es herrschten rauhe Sitten und ein ungeschriebenes Gesetz: „Wer nicht will deichen, der muß weichen." Was soviel hieß wie: Wer sich nicht am Deichbau beteiligt, der muß das Land verlassen. Es wurden immer wieder Teile des Meeres eingedeicht und somit vorm Überfluten geschützt. Dabei entstanden fruchtbare Weiden, in Eiderstedt als Fennen bezeichnet. Diese Fennen waren nur durch Entwässerungsgräben getrennt. Zum Überqueren der Gräben benutzten die Bauern den Klutstock, einen langen Stab, der in die Mitte

HAMBURG AHOI

Den seemännischen Gruß „Ahoi" übernahmen deutsche Matrosen von der englischen Marine. Obwohl er heute landauf, landab bekannt und immer wieder in Filmen, Büchern und Seemannsliedern vorkommt, benutzen ihn nur noch Landratten. Bei Seeleuten und Seglern ist er verpönt. Für mich behält der Ruf „Ahoi" trotz aller Insider-Belehrungen weiterhin einen schönen Klang. Deshalb hier ein dreifaches „Hamburg Ahoi" auf meine Matjes in Sahnesauce.

des Grabens gestemmt wurde. Ein kleiner Querstab am unteren Ende verhinderte das Einsinken im Schlick. Mit einem Anlauf schwang sich der Bauer über den Graben und kam mit Glück auf der Nachbarfenne an. Klutstockspringen war eine anstrengende Sache und bedurfte einer kräftigen Stärkung. Die Zeiten haben sich geändert, aber eine deftige Matjes-Mahlzeit erfreut heute noch meine Familie, zum Beispiel nach einer ausgedehnten Radtour entlang saftig grüner Deiche.

HAMBURG AHOI

MATJES IN SAHNESAUCE
(6-8 Personen)

8 Matjesfilets
3-4 Möhren
(am besten sind junge Bundmöhren)
100 g Staudensellerie
2 Äpfel (z.B. Jonagold, Cox Orange)
2 Becher (je 125 g) Crème fraîche
1 Becher (200 g) saure Sahne
(z.B. von Milram)
1-2 EL Zitronensaft
Salz, Pfeffer
1 Prise Zucker

Matjesfilets abspülen und trockentupfen. Sollten sie zu salzig sein, 30 Minuten wässern.
Möhren schälen und in dünne Scheiben schneiden. Staudensellerie putzen, waschen und in Scheiben schneiden.
Äpfel vierteln, das Kerngehäuse herausschneiden und die Äpfel in Scheibchen schneiden.
Crème fraîche und saure Sahne verrühren. Mit Zitronensaft, Salz, Pfeffer und Zucker abschmecken. Möhren, Sellerie und Äpfel darunterrühren.
Matjes trockentupfen und in der Sauce mehrere Stunden durchziehen lassen.

Zu den Matjes in Sahnesauce reiche ich gerne die Blechkartoffeln (Rezept siehe Seite 86). Ebensogut passen Pellkartoffeln oder Schwarzbrot dazu.

DADDELDUS DELIGHT

Ringelnatz hat mit dem Seemann Kuttel Daddeldu eine schillernde Figur geschaffen, die in vielen seiner Gedichte Hauptakteur ist. Als typischer Seemann fühlt sich Kuttel im feuchten Element pudelwohl und ist eher trinkfreudig, ein Gourmet ist er sicherlich nicht. Aber wie er den Salzverlust ausgleicht und dem Kater am nächsten Tag zu Leibe rückt, weiß er genau, mit Heringen nach Hausfrauenart!

DADDELDUS DELIGHT

HERINGE NACH HAUSFRAUENART
(4-6 Personen)

4 Bismarckheringe
2 Zwiebeln
2 Gewürzgurken (aus dem Glas)
2 Äpfel (vorzugsweise Granny Smith)
1 Becher (125 g) Crème fraîche
(z.B. von Milram)
1 EL Mayonnaise
1 Schuß Gurkenwasser
Salz, Pfeffer
1 Prise Zucker
1 Becher (200 g) Schlagsahne
1 Bund Dill

Heringe abspülen und trockentupfen. Zwiebeln pellen und in Ringe schneiden. Gewürzgurken würfeln oder in Scheiben schneiden. Äpfel schälen, vierteln und das Kerngehäuse herausschneiden. Äpfel in dünne Spalten schneiden.
Crème fraîche und Mayonnaise verrühren. Mit einem Schuß Gurkenwasser, Salz, Pfeffer und Zucker abschmecken. Sahne steif schlagen und darunterziehen. Zwiebeln, Gurken und Äpfel darunterheben.
Heringe in die Sauce geben. Im Kühlschrank über Nacht durchziehen lassen. Mit gehacktem Dill bestreuen. Das Rezept läßt sich gut vorbereiten und hält sich im Kühlschrank einige Tage.

Dazu schmecken knusprige Bratkartoffeln oder Pellkartoffeln.

MEIN TIP
Ein bis zwei Lorbeerblätter in die Sauce geben. Das gibt eine fein pikante Note.

GRAND MONARCHS FESTTAGSMAHL

*Landstreicher wurden und werden zwar von Seßhaften oft mit Verachtung gestraft. Ein bißchen Neid auf ihre Freiheit schwang in der Ablehnung aber mit.
Im Plattdeutschen wurde der Landstreicher oder Bettler deshalb zum „Monarch" oder sogar „Grand-Monarch".
Und für den war ein Herings-Schmaus ein köstliches Festtagsmahl!*

GRAND MONARCHS FESTTAGSMAHL

TRADITIONELLE BRATHERINGE
(4-6 Personen)

Für die Marinade:
2 Zwiebeln
3/8 l Wasser
3/8 l Essig
2 Lorbeerblätter
1 TL Senfkörner
2 getrocknete Peperoni
1 Prise Zucker

Außerdem:
8 grüne Heringe
(vom Fischhändler bratfertig gemacht)
Saft von 1 Zitrone
Salz
4 EL Mehl
Fett zum Braten (Öl oder Margarine)

Zwiebeln pellen und in Ringe schneiden. Zusammen mit Wasser, Essig, Lorbeer, Senfkörnern, Peperoni und Zucker aufkochen. Die Marinade abkühlen lassen. Heringe abspülen und trockentupfen. Mit Zitronensaft beträufeln und 10 Minuten ziehen lassen. Heringe salzen und in Mehl wenden.
In einer großen Bratpfanne Fett erhitzen und die Heringe darin von beiden Seiten (insgesamt 7-8 Minuten) braten. Heringe auf einem Teller lauwarm abkühlen lassen.
Heringe in eine flache Schüssel legen und mit der Marinade bedeckt über Nacht durchziehen lassen.

Dazu schmecken knusprige Bratkartoffeln.

MEIN TIP
Die Heringe können Sie etwa 4 Tage im Kühlschrank aufbewahren.

FUNKELNDE ABENDSONNE

BÜCKLINGE MIT SENFCREME
(4 Personen)

Für die Senfcreme:
100 g Deutsche Markenbutter, gesalzen (z.B. von Milram)
2 hartgekochte Eigelb
1 EL mittelscharfen Senf
einige Tropfen Zitronensaft
Salz, Pfeffer
1 Bund Schnittlauch

Außerdem:
4 Bücklinge
Salat oder Brunnenkresse und Zitrone zum Anrichten

Weiche Butter schaumig schlagen. Eigelb würfeln und Senf und Zitronensaft darunterrühren. Mit Salz und Pfeffer abschmecken. Schnittlauch abbrausen, trockenschütteln und in Röllchen schneiden. Unter die Butter ziehen. In eine Schüssel füllen. Zusammen mit den Bücklingen auf einer Platte anrichten. Mit Salat oder Brunnenkresse und Zitrone garnieren.

Dazu Graubrot reichen.

MEIN TIP
Besonders hübsch sieht es aus, wenn Sie die Butter zwischen zwei Holzbrettchen (vorher gut wässern) zu Kugeln formen und dann anrichten.

LABSKAUS

Labskaus ist ein typisches Seemannsgericht, das aus der großen Zeit der Windjammer stammt. Ohne Kühlanlagen waren diese imposanten Segelschiffe monatelang auf großer Fahrt. Der Proviant setzte sich zwangsläufig aus Pökelfleisch und lagerfähigen Lebensmitteln zusammen. Ging es dem Ende einer Fahrt zu, war der Schiffskoch oft auch am Ende mit seinen Vorräten. Da hieß es erfinderisch sein, um die Crew bei Laune zu halten. Alles Verwertbare wurde in einen Topf geworfen, verkocht – und kam als Labskaus auf den Tisch.

LABSKAUS (6-8 Personen)

750 g gepökeltes Rindfleisch
(beim Fleischer vorbestellen)
750 g Kartoffeln
Salz
4 Zwiebeln
Pfeffer
500 g rote Bete
$1/2$ l Essig
$1/2$ l Wasser
$1^{1}/_{2}$ TL fein gewürfelter frischer Meerrettich (ersatzweise
2 TL Meerrettich aus dem Glas)
1 gute Prise Zucker
5 Gewürzgurken
8 Matjesfilets
4 Eier
Fett zum Braten

Das Fleisch mit Wasser bedeckt $1^{1}/_{2}$ Stunden kochen. Kartoffeln schälen und in leicht gesalzenem Wasser 30 Minuten weich kochen. Zwiebeln pellen. 3 Zwiebeln grob würfeln. Fleisch aus der Brühe nehmen und klein schneiden. Kartoffeln abgießen. Kartoffeln, Zwiebeln und Fleisch im Mixer pürieren oder alles durch die feine Scheibe des Fleischwolfs drehen.

Danach alles mit einem Schuß Pökelbrühe (Rest Pökelbrühe aufheben) geschmeidig rühren und mit Pfeffer abschmecken. Labskaus einen Tag gekühlt durchziehen lassen.

Rote Bete waschen und in Salzwasser je nach Größe weich kochen (kleine Knollen 45-50 Minuten, große $1^{1}/_{4}$-$1^{1}/_{2}$ Stunden). Essig, Wasser, Meerrettich, Salz und Zucker aufkochen. Rote Bete abgießen, abschrecken und pellen. Die roten Bete in Scheiben schneiden. Die Marinade darübergießen und auskühlen lassen.

1 Gewürzgurke fein würfeln. 4 Matjesfilets fein hacken. Beides unter den Labskaus mischen. Alles unter Rühren erhitzen, eventuell noch etwas von der Brühe zufügen. Spiegeleier im Fett braten. Übrige Gewürzgurken längs halbieren. Alles zusammen mit den roten Beten anrichten.

MEIN TIP

Labskaus schmeckt am nächsten Tag, aufgewärmt, am besten.

2

WENN DER
HERING
BADEN GEHT:
EINGELEGT UND MARINIERT

Kräftig gewürzte
Essig-Marinaden und
fein säuerliche
Aroma-Saucen geben
Matjes und Bismarck eine
interessante Note.
Tauchen Sie ein
in die Fülle der Herings-
Delikatessen.

HERING, JUNG UND STRAMM

EINGELEGTE BISMARCKHERINGE
(4-6 Personen)

1 kg grüne Heringe
(vom Fischhändler küchenfertig gemacht)
Salz
½ l Essig
½ l Wasser
1 Prise Zucker
2 Zwiebeln

Die geputzten und entgräteten Heringe einsalzen (mit 3-4 EL Salz dick einreiben) und 3 Stunden beiseite legen, damit das Fleisch schön fest wird (so wird aus dem grünen Hering ein Bismarckhering).
Essig mit Wasser, 1 EL Salz und Zucker aufkochen und erkalten lassen.
Heringe abspülen und mit Küchenpapier trockentupfen. Zwiebeln pellen und in Ringe schneiden. Heringe und Zwiebeln in einen Steinguttopf legen. Sud darübergießen, so daß die Heringe bedeckt sind. Die Heringe einige Tage durchziehen lassen.

MEIN TIP
Wer tüchtig gefeiert hat, ist dankbar für ein schlichtes, aber wirksames Katerfrühstück, das die Lebensgeister wieder weckt. Mein Heringsrezept kommt immer prima an!

SCHLEUSEN-WÄRTERS NEUJAHRSGRUSS

HERINGE IN ROTWEIN
(10 Personen)

¼ l trockener Rotwein
¼ l Essig
250 g Zucker
2 Lorbeerblätter
2 Nelken
1 TL schwarze Pfefferkörner
1 TL Senfkörner
375 g Zwiebeln
10 Matjesfilets

Rotwein, Essig, Zucker und alle Gewürze einmal kräftig aufkochen, so daß der Zucker gelöst ist. Zwiebeln pellen und in Ringe schneiden. In den Sud geben und 1-2 Minuten köcheln lassen. Sud erkalten lassen. Zwiebelringe mit einer Schaumkelle aus dem Sud nehmen.
Matjesfilets abspülen, trockentupfen und in mundgerechte Stücke schneiden. Abwechselnd mit den Zwiebelringen in ein Glas schichten. Danach mit dem Sud begießen. Die Matjesstücke müssen vollkommen bedeckt sein. Zugedeckt mindestens 2 Tage durchziehen lassen.

MEIN TIP
Die Heringe in Rotwein eignen sich wunderbar für ein kaltes Buffet.

HERING UND FLUNDER

*In einen Hering, jung und stramm,
zwo, drei, vier,
sss - da - da - tirallala,
der auf dem Meeresboden schwamm,
zwo, drei, vier,
sss - da - da - tirallala,
verliebte sich, oh, Wunder,
'ne olle Flunder.*

*Der Hering sprach „Du bist verrückt",
zwo, drei, vier,
sss - da - da - tirallala,
„Du bist mir viel zu platt gedrückt",
zwo, drei, vier,
sss - da - da - tirallala.
„Rutsch' mir den Buckel runter,
du olle Flunder"!*

*Da stieß die Flunder in den Grund,
zwo, drei, vier,
sss - da - da - tirallala,
wo sie 'nen goldnen Rubel fund,
zwo, drei, vier,
sss - da - da - tirallala.
Ein Goldstück von fünf Rubel
oh, welch ein Jubel.*

*Da war die Flunder reich,
zwo, drei, vier,
sss - da - da - tirallala,
da nahm der Hering sie sogleich,
zwo, drei, vier,
sss - da - da - tirallala.
Ja, so ein alter Haring,
der hat Erfahrung!*

STURM IM WASSERGLAS

PIKANT EINGELEGTE HERINGE IM GLAS
(6-8 Personen)

8 ganze Salzheringe
1 Becher (125 g) saure Sahne
(z.B. von Milram)
$1/8$ l Essig
1 EL Zucker
1 Apfel
3 Lorbeerblätter
je 5 Pfeffer- und Pimentkörner
3 kleine Chilischoten
3 Zwiebeln
2 Gewürzgurken

Heringe über Nacht in kaltes Wasser legen, um das überschüssige Salz herausziehen zu lassen. Dann die Heringe putzen und waschen (Kopf und Innereien entfernen, soweit es der Fischhändler nicht schon gemacht hat).
Saure Sahne, Essig und Zucker verrühren. Apfel schälen, vierteln, Kerngehäuse entfernen und den Apfel in die Sauce reiben. Lorbeerblätter, Pfeffer-, Pimentkörner und Chilischoten einrühren.
Zwiebeln pellen, halbieren und in Streifen schneiden. Gurken klein würfeln. Beides in die Sauce rühren. Heringe in ein Glas schichten.
Die Marinade darübergießen. Gut verschließen und mindestens 24 Stunden durchziehen lassen.
Dazu deftiges Landbrot oder Pellkartoffeln reichen.

MEIN TIP
Die Milchner der Heringe – wenn vorhanden – durch ein Haarsieb in die Sauce streichen. Eventuell vorhandene Heringsrogen abspülen und mit den übrigen Zutaten einschichten.

LOTSENLIEBE

MATJESTOPF MIT GURKENHAPPEN
(4 Personen)

5 Matjesfilets
1 kleine Gemüsezwiebel
1 kleines Glas
Schlesische Gurkenhappen
2 Äpfel (z.B. Granny Smith)
250 g Mayonnaise
1 Becher (200 g) Schlagsahne
(z. B. von Milram)
3 EL Zucker
Salz, Pfeffer

Matjesfilets abspülen und trockentupfen. Sollten die Matjes sehr salzig sein, 30 Minuten wässern. Gemüsezwiebel pellen und würfeln. Gurkenhappen in mundgerechte Stücke schneiden. Äpfel vierteln, Kerngehäuse entfernen und ungeschält würfeln. Matjes in fingerdicke Streifen schneiden.
Mayonnaise mit Sahne und Zucker verrühren. Mit einer Prise Salz und Pfeffer würzen. Nach Belieben mit einem Schuß Gurkenwasser abschmecken.
Alle vorbereiteten Zutaten mit der Sahnesauce mischen und gut durchziehen lassen.

Zu dem Matjestopf paßt gebuttertes Vollkornbrot ebenso gut wie Pellkartoffeln.

MEIN TIP
Den Matjestopf kurz vor dem Servieren mit kleingewürfeltem hartgekochten Ei bestreuen.

KURS SÜD-WEST

MATJESTOPF
(4 Personen)

8 Matjesfilets
1 Gemüsezwiebel
2 säuerliche Äpfel
2 Scheiben Pumpernickel
(ca. 80 g)
1 Becher Milram Bulgarus Joghurt
(500 g)
6 EL saure Sahne
Pfeffer

Matjesfilets abspülen und trockentupfen. Sollten die Matjes zu salzig sein, 30 Minuten wässern.
Gemüsezwiebel pellen und in dünne Ringe schneiden. Äpfel vierteln, Kerngehäuse entfernen und in Spalten schneiden. Pumpernickel würfeln. Joghurt und saure Sahne glattrühren. Mit Pfeffer abschmecken. Alles abwechselnd in ein Glas- oder Steingutgefäß schichten und abgedeckt 24 Stunden im Kühlschrank durchziehen lassen.

Dazu schmecken neue Kartoffeln als Pellkartoffeln mit Kümmel gekocht.

MEIN TIP
Pumpernickel vor dem Einschichten mit einigen Tropfen Gin beträufeln.

LA PALOMA

MATJES IN DILLRAHM
(6-8 Personen)

10 Matjesfilets
½ l leicht angewärmte Milch
2 kleine Zwiebeln
2 Birnen
Saft von ½ Zitrone
1 Becher (200 g) Schlagsahne
1 Becher (200 g) saure Sahne,
10% Fett (z. B. von Milram)
schwarzer gemahlener Pfeffer
1 Bund Dill

Matjesfilets in der Milch 30 Minuten ziehen lassen. Dann auf Küchenpapier gut abtropfen lassen und in mundgerechte Stücke schneiden. Zwiebeln pellen und in dünne Ringe schneiden. 5 Minuten in kochendes Wasser legen, mit kaltem Wasser abschrecken und gut abtropfen lassen. Birnen halbieren, das Kerngehäuse herausschneiden und die Birnen in Scheibchen schneiden. Mit Zitronensaft beträufeln, damit sie sich nicht so schnell bräunlich verfärben.
Schlagsahne und saure Sahne verrühren. Mit Pfeffer würzen. Gehackten Dill darunterziehen.
Matjes mit Zwiebeln und Birnen in einen Tontopf schichten. Dill-Sahne darübergießen und gut verschlossen im Kühlschrank 1-2 Tage durchziehen lassen.

MEIN TIP
Eine feine Beilage zu den Matjes in Dillrahm sind Ballonkartoffeln (Rezept Seite 87).
Für alle Kartoffel-Beilagen nehme ich nur Bio-Kartoffeln, die mir, meiner Familie und unseren Gästen am besten schmecken.

IMBISS AM KIELKANAL

MATJES IN DILL
(4-6 Personen)

⅜ l Rotweinessig
2 Lorbeerblätter
150 g Zucker
10 Matjesfilets
150 g rote Zwiebeln
4 Bund Dill

Essig mit Lorbeer und Zucker aufkochen, bis sich der Zucker aufgelöst hat. Dann den Sud erkalten lassen.
Matjesfilets abspülen, mit Küchenpapier trockentupfen und in mundgerechte Stücke schneiden. Zwiebeln pellen und in Ringe schneiden. Dill hacken.
Matjesstücke, Zwiebelringe und Dill abwechselnd in ein Glas schichten. Mit dem erkalteten Sud übergießen. Glas gut verschließen und kühl gestellt (nicht im Kühlschrank) 2 Tage durchziehen lassen.

Dazu schmeckt Bauernbrot mit Butter.

STEIFE BRISE

MATJES IN GESCHLAGENER SAHNE
(4 Personen)

8 Aalrauch-Matjesfilets
2 gehäutete Tomaten
¼ Salatgurke
½ Becher (250 g) Bulgarus Joghurt von Milram
Saft von ½ Zitrone
1 TL mittelscharfer Senf
Salz, Pfeffer
1 Prise Zucker oder einige Tropfen Süßstoff
1 Becher (200 g) Schlagsahne
1 EL Kapern
1 Bund Schnittlauch

Matjes auf Küchenpapier ausbreiten und abtropfen lassen.
Tomaten würfeln. Gurke schälen und in Würfel schneiden.
Joghurt mit Zitronensaft und Senf glattrühren. Mit Salz, Pfeffer, Zucker oder Süßstoff abschmecken. Sahne steif schlagen und den angerührten Joghurt löffelweise darunterheben. Tomaten, Gurken und Kapern zufügen und darunterziehen.
Aalrauch-Matjes aufrollen und in eine flache Schüssel legen. Die Sauce darüber verteilen. Mindestens 3-4 Stunden zugedeckt im Kühlschrank durchziehen lassen.
Kurz vor dem Servieren mit Schnittlauchröllchen bestreuen.

Dazu schmecken Pellkartoffeln.

STEIFE BRISE
So nennen Norddeutsche einen Wind, der im Süden schon als Sturm bezeichnet wird: Windstärke fünf, mindestens, mit „mäßig bewegter See" (so der Fachausdruck), in der die Wellen schon dicke Schaumkronen tragen. Beim Schlagen der Sahne mußte ich unwillkürlich daran denken, und seitdem gibt's bei uns zum Mittagessen häufig eine „Steife Brise"!

LOTSE AN BORD

TOMATENHERINGE
(4-6 Personen)

6 Bismarckheringe
10 Wacholderbeeren
1 Bund Dill
100 ml Sherry
1 Bund Frühlingszwiebeln
¼ l Tomatenketchup
Saft von 1 Zitrone
Salz, Pfeffer
1 Prise Zucker

Heringe abspülen, trockentupfen und längs halbieren.
Wacholderbeeren in einem Mörser zerstoßen. Dill abbrausen und die Stiele abschneiden. Sherry mit Wacholder und Dillstengeln aufkochen. Durchsieben und abkühlen lassen.
Frühlingszwiebeln in Ringe schneiden. Dillfähnchen von den Stielen zupfen. Tomatenketchup, Zitronensaft, Dill und ⅔ der Frühlingszwiebeln mit dem Sherry-Sud verrühren. Mit Salz, Pfeffer und Zucker abschmecken.
Heringsfilets abwechselnd mit dem Sud in eine flache Schale schichten. Mit den übrigen Frühlingszwiebeln bestreuen und gut durchziehen lassen.

Dazu Speckkartoffeln (Rezept siehe Seite 87) reichen.

MEIN TIP
Zum Einschichten der Heringe nehme ich gerne eine flache eckige oder ovale Auflaufform.

KLABAUTERMANNS NACHTSCHMAUS

HERINGE IN SAUERRAHM
(6-8 Personen)

1,5 kg in einer Marinade eingelegte Heringe
1 rote Zwiebel
4 Äpfel (z.B. Granny Smith)
1 Becher (200 g) saure Sahne, 10% Fett oder Vollmilchjoghurt (z.B. von Milram)
1 EL Zitronensaft
½ TL Zimt
2 TL Zucker
schwarzer Pfeffer aus der Mühle
frische Dillzweige zum Garnieren

Heringe auf Küchenpapier gut abtropfen lassen. Die Heringe flach auf ein Holzbrett legen und mit einem Messer schräg in sechs diagonale Streifen schneiden. Zwiebel pellen und in Ringe schneiden. Äpfel entkernen und in dünne Streifen schneiden. Heringe, Zwiebeln und Äpfel in eine Schüssel geben.
Saure Sahne oder Joghurt mit Zitronensaft, Zimt und Zucker verrühren. Mit Pfeffer abschmecken. Die Sauce über die Heringe geben und alles mischen. Zugedeckt über Nacht im Kühlschrank durchziehen lassen.

Dazu schmeckt Vollkornbrot und Butter.

KLABAUTERMANNS NACHTSCHMAUS

Der Aberglaube macht selbst vor gestandenen Mannsbildern nicht halt. So auch nicht vor Seeleuten, in deren Phantasie der Schiffskobold, nämlich der Klabautermann, immer mit auf große Fahrt geht. Sein Klopfen an die Schiffswand erinnert daran, daß mal wieder klabautert, kalfatert, zu hochdeutsch ausgebessert werden muß. Wen wundert's, daß er sein größtes Unwesen bei Nacht und Nebel und tobender See treibt. Das jagt dem kräftigsten Seemann einen Schauer über den Rücken. Da hilft nur ein handfester Nachtschmaus, der Leib und Seele zusammenhält! Und unheimlich gut soll er schmecken!

Der klassische „Heringstopf" ist bestes Beispiel für das feine Miteinander von frischen Milchprodukten und Hering. Die milde Säure von Joghurt, Crème fraîche, Schmand und saurer Sahne wird mit einem Schuß Schlagsahne abgerundet und ist ideale Saucenbasis für Matjes und Bismarckhering. Mit Kräutern, Gewürzen, kleingeschnittenem Gemüse und Früchten lassen sich daraus immer neue Herings-Kreationen zaubern.

GETÜMMEL IM BUDDELSCHIFF

Wie kommt das Schiff in die Buddel? Wird erst das Schiff gebaut und dann die Buddel drumherum? Oder wird das Schiff mit einer langen Pinzette in die Buddel geschoben? Oder ist es Zauberei? Eingeweihte wissen, daß das kleine Wunderwerk „an Land" gebaut wird und zusammengelegt ist wie ein Schmetterling vor dem Schlüpfen. Erst durch Ziehen an einem Zwirnsfaden entfaltet sich das kleine Schiff und richtet sich in der Buddel zu seiner vollen Schönheit auf.
Daß nun auch noch kleine Lebewesen durch den Flaschenhals hineinschlüpfen und ein Getümmel veranstalten, ist ein Gerücht und frei erfunden. Seemannsgarn!

GETÜMMEL IM BUDDELSCHIFF

EINGELEGTE BRATHERINGE IM GLAS
(4-6 Personen)

12 grüne Heringe, küchenfertig (vom Fischhändler ausgenommen)
Salz, Pfeffer
etwas Mehl
1/8 l Öl
1/2 l Essig
1/2 l Brühe (ohne Fett)
2 Lorbeerblätter
2 EL Senfkörner
10 Pimentkörner
1 EL Zucker
4 Zwiebeln
1 Bund Dill

Heringe abspülen und mit Küchenpapier trockentupfen. Innen und außen mit Salz und Pfeffer gut einreiben. Heringe in Mehl wenden. Öl in einer Pfanne erhitzen und ringsum braun braten. Nach dem Braten auf Küchenpapier legen.
Essig und Brühe aufkochen. Die Gewürze und den Zucker zufügen und den Sud 5-10 Minuten bei schwacher Hitze ziehen lassen.
Zwiebeln pellen, in Ringe schneiden. Dillfähnchen von den Stielen zupfen. Beides mit den Heringen in ein Glas schichten. Mit dem heißen Sud übergießen. 3-4 Tage gut gekühlt durchziehen lassen.

Dazu schmecken Pellkartoffeln oder Bratkartoffeln, sowie ein grüner Salat mit Sahnesauce.

MEIN TIP
Manchmal habe ich Appetit auf scharfes Asiengewürz. Dann koche ich 3-4 Chilischoten und ein walnußgroßes Stück frischen Ingwer (in Scheiben) im Sud mit.

PACKEIS IN SICHT

PICKLED HERING
(8-10 Personen)

10 Matjesfilets
600 ml Essig
250 g Zucker
1 TL schwarze Pfefferkörner
3 EL Pimentkörner
2 Lorbeerblätter
400 g Zwiebeln

Matjesfilets abspülen und trockentupfen.
Essig, Zucker, Pfefferkörner, 1 EL Piment und Lorbeer aufkochen, bis sich der Zucker gelöst hat. Sud erkalten lassen.
Matjes in Stücke schneiden. Zwiebeln pellen und in Ringe schneiden. Matjes, Zwiebelringe und restliche Pimentkörner abwechselnd in ein Glas schichten. Den Sud darübergießen. Glas verschließen und die Heringe gut durchziehen lassen.

MEIN TIP
Ich reiche gerne gekauftes Mango-Chutney zu den Heringen. Diese Zufalls-Komposition findet in unserem Haus immer mehr Liebhaber.

3

HERINGE FÜR
HEISSHUNGRIGE
RAFFINIERTE HAUPT-GERICHTE

„Morgen gibt's Fisch" –
das ist eine gesunde Devise.
Für meine unkompli-
zierten Heringsgerichte
werden Sie sich schnellstens
erwärmen, denn sie sind
auch im Nu aufgetischt!

ANKER GELICHTET

HERINGS-AUFLAUF
(4 Personen)

6 Salzheringe, küchenfertig
³⁄₈ l Buttermilch
500 g Kartoffeln
50 g Butter
4 Eier, getrennt
Salz, Pfeffer
1 Prise gemahlenes Piment
1 Prise geriebene Muskatnuß
2 Zwiebeln
2 EL gehackte Petersilie
2 EL Semmelmehl
4 EL geriebener Gouda
20 g Butter für Flöckchen

Heringe abspülen und in die Buttermilch einlegen. Anschließend trockentupfen und in eine gefettete Auflaufform legen.
Kartoffeln mit Schale in Salzwasser 30 Minuten kochen. Abgießen, heiß pellen und durch eine Kartoffelpresse drücken. Mit 40 g Butter und dem Eigelb verrühren, würzen. Zwiebeln schälen, würfeln und in der restlichen Butter goldbraun braten. Mit der Petersilie unter den Kartoffelbrei rühren. Eiweiß zu Schnee schlagen und darunterziehen. Kartoffelschnee auf den Heringen verteilen. Mit Semmelmehl und Käse bestreuen. Butterflöckchen daraufgeben und im vorgeheizten Backofen bei 200 Grad 20 Minuten backen.
Dazu paßt frischer Blattsalat.

BI UNS TO HUS

ÜBERBACKENE BÜCKLINGE
(4 Personen)

4 Bücklinge
3 EL Butter
1 Zwiebel
200 g Reis
400 ml klare Brühe (Instant)
4 Tomaten
125 g frische Champignons
oder geschnittene aus der Dose
1 Becher (200 g) Knoblauch Quark
von Milram
1 Becher (150 g) saure Sahne
3 Eier, getrennt
Salz, Pfeffer
1 Prise frisch geriebene Muskatnuß

Bücklinge filetieren und in 1 EL Butter vorsichtig braten.
Restliche Butter in einem Topf zerlassen. Zwiebel schälen und würfeln. Zwiebeln und Reis in der Butter glasig werden lassen. Brühe angießen und den Reis ca. 20 Minuten ausquellen lassen. Reis auf eine tiefe Platte geben. Bücklingsfilets auf den Reis legen.
Tomaten und frische Champignons in Scheiben schneiden und die Bücklingsfilets damit belegen.
Quark, saure Sahne und Eigelb verrühren. Mit Salz, Pfeffer und Muskat würzen. Eiweiß steif schlagen und darunterheben. Auf den Bücklingen verteilen. Bei 180 Grad ca. 20 Minuten im Backofen überbacken.

BI UNS TO HUS
*Das Leben ist oft voller Zufälle!
In der Fernsehsendung
„Bi uns to Hus" hatte ich als
Sängerin mein Debüt.
In den Pausen kochte ich für
das Team meine Fischspezialitäten
von der Küste. Alle waren begeistert und freuten sich auf meine
Fisch-Häppchen,*

3. Kapitel

die eine willkommene Abwechslung
zum Kantinenessen waren.
Heute trete ich in „Bi uns to Hus"
als Fernsehköchin auf und
verrate Ihnen meine besten Rezepte,
die ich in diesem Buch mit einer Fülle
von anderen Gerichten für Sie
aufgeschrieben habe.

SEEMANNSBALLADE

HERINGE MIT LAUCHZWIEBELN
(4 Personen)

4 grüne Heringe, küchenfertig
abgeriebene Schale und
Saft von ½ unbehandelten Zitrone
1 Bund Petersilie
1 kleine Zwiebel
Salz, Pfeffer
100 g Frühstücksspeck (Bacon)
Mehl zum Wenden
3 EL Öl
1 Bund Frühlingszwiebeln
⅛ l Weißwein

Heringe abspülen und trockentupfen. Heringe innen und außen mit Zitronensaft beträufeln.
Einige Petersilienstengel beiseite legen, Rest fein hacken. Zwiebel schälen und fein würfeln. Mit gehackter Petersilie, Zitronenschale, Salz und Pfeffer mischen.
Frühstücksspeck in Streifen schneiden und in einer Pfanne knusprig ausbraten. Aus der Pfanne nehmen und warm halten.
Heringe nochmals trockentupfen, salzen und pfeffern und im Mehl wenden. Jeweils einen Stengel Petersilie in die Heringe stecken. 2 EL Öl ins Speckfett geben und die Heringe im heißen Fett von beiden Seiten goldbraun braten. Warm stellen.
Frühlingszwiebeln putzen, waschen und in Stücke schneiden. Restliches Öl ins Bratfett geben und die Frühlingszwiebeln darin andünsten. Wein angießen und einige Minuten dünsten. Mit Salz und Pfeffer abschmecken. Über die Heringe gießen und mit der Petersilien-Mischung und dem Speck bestreuen.

Eine ausgezeichnete Beilage ist das Kartoffel-Knoblauch-Püree von Seite 85.

HEISSE SCHALUPPEN

FOLIENKARTOFFELN MIT MATJES UND JOGHURT-SAHNE
(8 Personen)

8 große mehlige Kartoffeln
500 g Joghurt oder Crème fraîche
(z.B. von Milram)
$1/8$ l saure Sahne
je 1 Bund Dill, Petersilie
und nach Möglichkeit Pimpinelle
Salz, Cayennepfeffer
6-8 Kräutermatjes
2 rote Paprikaschoten
1 Bund Schnittlauch

Kartoffeln waschen, trocknen und in Alufolie einwickeln. Im vorgeheizten Backofen bei 225 Grad ca. 1 Stunde backen lassen.
Joghurt oder Crème fraîche mit der sauren Sahne glattrühren. Kräuter abbrausen, trockenschütteln und hacken. Unter die Joghurtsahne rühren und mit Salz und Pfeffer abschmecken.
Kräutermatjes trockentupfen und in Streifen schneiden. Paprika vierteln, putzen und dabei die weißen Kernchen und Rippen entfernen. Paprika waschen und würfeln. Schnittlauch in Röllchen schneiden. Alles mischen. Die gebackenen Kartoffeln aus der Folie wickeln. Kreuzweise einschneiden, etwas auseinanderdrücken. Paprika-Matjes hineinfüllen, die Sauce extra dazu reichen.

WANDERDÜNEN

AALRAUCH-MATJES MIT TSATSIKI-QUARK
(4-6 Personen)

250 g Sahnequark
200 g Vollmilchjoghurt
1 Zwiebel
4 Knoblauchzehen
$1/4$ Salatgurke
Salz
Pfeffer
1 Bund Dill
8 Aalrauch-Matjes

Sahnequark und Joghurt verrühren. Zwiebel und Knoblauch schälen. Zwiebel fein würfeln, Knoblauch durchpressen. Gurke schälen und raspeln. Gurkenraspel in Küchenpapier leicht ausdrücken. Alles unter den Joghurt-Quark rühren. Mit Salz und Pfeffer abschmecken. Dill hacken und darunterziehen. Zu den Aalrauch-Matjes reichen.

Dazu gibt's die Blechkartoffeln von Seite 86.

MEIN TIP
Wenn's schnell gehen soll, verrühre ich 1 Becher (200 g) Milram Tsatsiki Quark mit Joghurt. Zum Verfeinern empfehle ich für beide Zubereitungen einige Tropfen kalt gepreßtes Olivenöl.

WELLENREITER

HERINGS-GESCHNETZELTES AUF BLINIS
(4 Personen)

Für das Matjes-Tartar:
4 Matjesfilets
2 Schalotten
2 Gewürzgurken
1 säuerlicher Apfel
1 Bund Dill
Saft von ½ Zitrone

Für die Blinis:
100 g Buchweizenmehl
50 g Weizenmehl
1 gute Prise Salz
10 g frische Hefe
¼ l Milch
3 EL flüssige Butter
2 Eier, getrennt
Öl oder Butterschmalz zum Braten
etwas Butter zum Begießen der Blinis

Außerdem:
1 Becher (125 g) Crème fraîche (z.B. von Milram)
Dill zum Garnieren

Für das Matjestartar Matjesfilets, Schalotten und Gewürzgurken sehr fein würfeln. Apfel vierteln, Kerngehäuse herausschneiden, schälen und fein würfeln. Dill hacken. Alles mit dem Zitronensaft mischen und im Kühlschrank 1 Stunde durchziehen lassen.
Für die Blinis beide Mehlsorten und Salz mischen. Hefe in einer Tasse lauwarmer Milch auflösen und zum Mehl gießen. Restliche lauwarme Milch, flüssige Butter und Eigelb zum Mehl geben und alles gut verrühren.
Mit einem Geschirrtuch abdecken und an einem warmen Ort gehen lassen, bis sich der Teig sichtlich vergrößert hat. Teig gut durcharbeiten. Eiweiß zu Schnee schlagen und unter den Teig heben.

In einer beschichteten Pfanne Fett erhitzen und mit einer kleinen Kelle Teigplätzchen in die Pfanne setzen. Von beiden Seiten goldgelb backen.
Vor dem Servieren die Blinis mit flüssiger Butter bestreichen und das Matjestartar darauf anrichten. Mit einem Klecks Crème fraîche und Dillzweigen garnieren.

MEIN TIP
Ich bereite den Blini-Teig schon am Vortag zu und lasse ihn über Nacht an einem kühlen Ort gehen. Fertig gebratene Blinis kann man prima einfrieren.
Zubereitung: Gefroren in Alufolie einwickeln und dann im Ofen aufbacken.

WELLENREITER
So hießen einst jene, die sich heute stolz „Surfer" nennen. Erfunden wurde dieser Sport vor Jahrhunderten auf Hawaii, wo es haushohe Wellen gibt. Die Anbringung der Segel für die Surfbretter ist erst ein paar Jahrzehnte alt.

LEINEN LOS

*Das ist der schönste Spruch,
wenn es per Schiff
auf große Fahrt geht:
„Leinen los" ruft der Kapitän
den „Festmachern" zu.
Die schweren Tampen
klatschen ins Wasser.
Die Matrosen ziehen sie
an Bord und ordnen
sie in großen Spiralhaufen:
Zeit für ein gutes Essen!*

LEINEN LOS

ÜBERBACKENE HERINGE IM TONTOPF
(4 Personen)

8 grüne Heringe, küchenfertig
Salz, Pfeffer
100 g Butter (z.B. von Milram)
¼ l Weißwein
1 Dose (240 g) geschnittene
Champignons
4 EL gehackte Petersilie
4 EL Semmelbrösel
4 EL geriebener Gouda

Heringe abspülen und trockentupfen. Innen und außen salzen und pfeffern. Von außen mit 4 EL Butter einstreichen. In einen gewässerten Römertopf legen und mit Weißwein übergießen. Champignons abtropfen lassen, würzen und auf den Heringen verteilen. Petersilie darüberstreuen. Semmelbrösel und Käse mischen und darüberstreuen. Restliche Butter in Flöckchen darauf verteilen und bei 200 Grad ca. 45 Minuten garen. Deckel abnehmen und die Heringe etwa 5 Minuten knusprig überbacken.

Dazu paßt Weißbrot und Kopfsalat.

MEIN TIP
Statt Gouda und Butterflöckchen gebe ich auf die Champignons auch Flöckchen von Kräuterfrischkäse mit Knoblauch. Das gibt eine herrlich pikante Kruste.

SEEMANNSGLÜCK

Wochenlang auf hoher See, über sich nur Himmel – und Wasser, so weit das Auge reicht, da muß sich der Smutje ganz schön ins Zeug legen, um immer wieder Neues zu bieten. Nichts ist für den Bordfrieden wichtiger als ein guter Koch, sagen alte Kapitäne – und das ist Seemannsglück „pur".

SEEMANNSGLÜCK

BÜCKLINGS-PFANNKUCHEN
(4 Personen)

4 Eier
¼ l Milch
150 g Mehl
Salz, Pfeffer
4 Bücklinge
4 TL Butter
1 Bund Schnittlauch

Eier mit Milch, Mehl, Salz und Pfeffer verquirlen.
Von den Bücklingen die Haut entfernen. Bücklinge filetieren.
Jeweils 1 TL Butter in einer beschichteten Pfanne zerlassen.
Ein Viertel des Teiges hineingießen und 2 Bücklingfilets darauf geben.
Ist die Unterseite hell gebräunt, den Pfannkuchen wenden und auch die andere Seite hell bräunen. Auf die gleiche Weise drei weitere Pfannkuchen backen. Pfannkuchen auf Teller gleiten lassen und zusammenklappen. Schnittlauch in Röllchen schneiden und darüberstreuen.

Dazu paßt frischer Kopfsalat.

ZWISCHENDECK

HERINGSKARTOFFELN, ÜBERBACKEN
(4 Personen)

2 Matjesfilets
1 kg festkochende Kartoffeln
Salz
75 g Butter
40 g Mehl
2½ Becher (500 g) Schlagsahne
(z.B. von Milram)
¼ l Wasser
Pfeffer
100 g gekochten Schinken
30 g geriebener Käse
(Gouda oder Edamer)
Butter für die Form

Matjes abspülen, trockentupfen und in Würfel schneiden.
Kartoffeln gründlich waschen und mit Schale in Salzwasser ca. 20 Minuten kochen. Abgießen, pellen und in Scheiben schneiden.
40 g Butter in einem Topf zerlassen, Mehl darin anschwitzen. Mit Sahne und Wasser ablöschen und unter gelegentlichem Rühren 2-3 Minuten köcheln lassen. Mit Salz und Pfeffer abschmecken.
Schinken würfeln und in die Sauce geben. Die Kartoffelscheiben und die Matjeswürfel in eine gebutterte Auflaufform schichten. Die Sauce darübergießen und mit dem geriebenen Käse bestreuen. Restliche Butter als Flöckchen daraufgeben. Die Form im vorgeheizten Backofen bei 200-225 Grad etwa 30 Minuten backen.

Dazu Kopfsalat reichen.

TRÄUME AM JADEBUSEN

ERHITZTE MATJES
(4 Personen)

8 Matjesfilets
³⁄₈ l Buttermilch (z.B. von Milram)
8 mittelgroße Kartoffeln
1½ l Wasser
Salz
2 hartgekochte Eier
1 Bund Radieschen
1 Bund Petersilie
60 g Butter

Matjes abspülen und trockentupfen. In Buttermilch 1 Stunde ziehen lassen.
Kartoffeln schälen, waschen und in dem Wasser mit einer kräftigen Prise Salz 15 Minuten kochen lassen. Matjes aus der Buttermilch nehmen und trockentupfen. In eine feuerfeste Form legen, die den gleichen Durchmesser hat wie der Topf, in dem die Kartoffeln kochen. Die Form zugedeckt auf den Kartoffeltopf setzen. Kartoffeln weitere 10 Minuten kochen lassen.
Eier schälen und hacken. Radieschen waschen und in Scheiben schneiden. Petersilie abbrausen, trockenschütteln und hacken.
Die heißen Matjes auf einer vorgewärmten Platte anrichten. Kartoffeln abgießen, bei kleiner Hitze trockendämpfen. In eine vorgewärmte Schüssel geben. Butter in einem kleinen Topf leicht bräunen und über die Matjes gießen. Eier, Radieschen und Petersilie darüber verteilen.

RETTUNGSRINGE

HERINGE IM SPECKMANTEL
(4 Personen)

8 grüne Heringe, küchenfertig
Pfeffer
1 Bund glatte Petersilie
150 g Frühstücksspeck (Bacon)
2 kleine Gemüsezwiebeln
1 Bund Majoran
6 EL Öl
1 Becher (150 g) Vollmilchjoghurt (z. B. von Milram)
Salz
Holzstäbchen

Heringe abspülen und trockentupfen. Heringe pfeffern. Petersilie abbrausen, trockenschütteln und die Blättchen von den Stielen zupfen. Heringe damit füllen und mit Speckstreifen umwickeln. Speck mit Holzstäbchen feststecken.
Gemüsezwiebeln schälen und in Ringe schneiden. Majoran abbrausen, trockenschütteln und die Blättchen von den Stielen zupfen.
2 EL Öl in einer großen Pfanne erhitzen und die Heringe darin von beiden Seiten knusprig braten.
Restliches Öl erhitzen und die Zwiebeln darin goldbraun braten. Zwiebeln auf eine vorgewärmte Platte legen. Majoranblättchen im heißen Bratfett fritieren.
Heringe auf die Zwiebeln geben. Joghurt mit Salz und Pfeffer verrühren. Darübergießen und mit Majoran bestreuen.

Dazu schmecken die Ballonkartoffeln von Seite 87.

SEEMANNSGARN

SAUERKRAUT-BÜCKLINGS-AUFLAUF
(4 Personen)

200 g Frühstücksspeck
1 große Zwiebel
1 Dose Sauerkraut (580 ml)
1/8 l klare Brühe (Instant)
5 Wacholderbeeren
1 Lorbeerblatt
Salz
1 grüne Paprikaschote
2 EL Tomatenmark
500 g festkochende Kartoffeln
3 mittelgroße Bücklinge
5 Scheiben Chesterkäse oder Gouda
1 EL Butter

Speck würfeln und in einem Topf auslassen. Zwiebel schälen und in Ringe schneiden. Im Speckfett hellgelb dünsten. Sauerkraut, Brühe Wacholderbeeren, Lorbeer und etwas Salz zufügen. 10 Minuten dünsten. Lorbeer entfernen.
Paprikaschote vierteln, putzen und dabei die weißen Rippen und Kernchen entfernen. Paprika abspülen und fein schneiden.
Sauerkrautmenge halbieren. Die eine Hälfte mit Paprika, die andere mit Tomatenmark mischen.
Kartoffeln schälen und in Scheiben schneiden. Eine Auflaufform ausbuttern und eine Schicht Kartoffelscheiben hineinfüllen. Das Tomatenmark-Kraut darauf verteilen.
Bücklinge filetieren. Die Filets zerpflücken, auf dem Kraut verteilen. 4 Käsescheiben darauf legen. Mit einer zweiten Kartoffelschicht abdecken und darüber das Paprika-Kraut verteilen. Übrige Käsescheibe klein schneiden und mit Butterflöckchen auf dem Auflauf verteilen. Im Backofen bei 200 Grad ca. 20 Minuten überbacken.

EIN GEDICHT VON RINGELNATZ

HERINGE IN FOLIE
(4 Personen)

4-6 grüne Heringe, küchenfertig
Salz, Pfeffer
1 Gemüsezwiebel
4 Fleischtomaten
100 g frische Champignons
1 grüne Paprikaschote
1 TL Pfefferkörner
20 Lorbeerblätter
Petersilie und Zitrone
zum Garnieren

Heringe abspülen und trockentupfen. Innen und außen mit Salz und Pfeffer einreiben. Heringe auf ein entsprechend großes Stück Alufolie legen.

Zwiebel pellen, Tomaten und Champignons waschen, putzen, dann alles in Scheiben schneiden. Paprikaschote vierteln, putzen und dabei die weißen Kernchen und Rippen entfernen. Paprika in Streifen schneiden. Die vorbereiteten Zutaten mit Pfefferkörnern und Lorbeer auf den Fischen verteilen. Etwas salzen. Die Folie zu einem Päckchen zusammenfalten und 8-10 Minuten grillen. Folie öffnen und auf Tellern anrichten. Mit Zitronenscheiben und Petersilie garnieren.

Dazu knuspriges Baguette reichen.

ALLE MANN AN DIE BRASSEN

MATJES MIT SPECKSAUCE
(4 Personen)

8 Matjesfilets
1/2 l Milch zum Einlegen
200 g geräucherter,
durchwachsener Speck
4 Zwiebeln
20 g Mehl
1/4 l Wasser
1/4 l Milch
2 EL Weißweinessig
1 TL Zucker
Salz, schwarzer Pfeffer

Matjesfilets 2 Stunden kühl gestellt in Milch einlegen.
Speck und Zwiebeln fein würfeln. Speck in einer Pfanne knusprig auslassen. Zwiebeln zufügen und goldgelb braten. Mehl darüberstreuen und hellgelb rösten. Mit Wasser und Milch ablöschen und unter Rühren kurz aufkochen. Sauce mit Essig, Zucker, Salz und Pfeffer abschmecken.
Matjesfilets auf Küchenpapier gut abtropfen lassen. Auf einer Platte anrichten und die heiße Specksauce darübergießen.

Dazu schmecken Pellkartoffeln.

MEIN TIP
Im Sommer hole ich eine Handvoll Majoran aus meinem Kräutergärtchen und gebe der Sauce damit kräuterfrisches Intensiv-Aroma.

4

HERINGSFLOTTE
IN SICHT

PARTY-SNACKS UND SALATE

Sie sind die Favoriten
auf Buffets und bei
unkomplizierten Gäste-
Verwöhn-Essen:
Meine köstlichen
„Herings-Häppchen"
machen Appetit
und laden immer zum
Zugreifen ein.

PIRATENLIEBE

HERINGSHAPPEN IN ZWIEBEL-EIGELB
(4 Personen)

8 Matjesfilets
8 Eigelb
Salz
8 EL Zwiebelwürfel
4 EL Gewürzgurkenwürfel
einige Tropfen Zitronensaft
1 EL gehackte Petersilie

Matjesfilets abspülen, wenn nötig wässern. Matjes trockentupfen und in dünne Streifen schneiden.
Eigelb mit 1 Prise Salz schaumig aufschlagen. Zwiebel- und Gurkenwürfel darunterrühren. Mit einigen Tropfen Zitronensaft abschmecken. Matjesstreifen darunterheben und mit Petersilie bestreuen.

Dazu schmeckt Vollkornbrot mit Butter.

MEIN TIP
Je feiner Sie die Zwiebel- und Gurkenwürfel schneiden, desto cremiger wird die Eigelbsauce, und desto delikater ist der Geschmack.

TAMPENTRECKER

MATJESTARTAR AUF GEBRATENEN WEISSBROTSCHEIBEN
(4 Personen)

6 Matjesfilets
2 Frühlingszwiebeln
2 Gewürzgurken
1 Bund Dill
Saft von ½ Zitrone
3 Eier
Salz
Pfeffer
½ Tasse gehackte Petersilie
8 Weißbrotscheiben
Butter zum Braten
2 EL Crème fraîche
Dillspitzen zum Garnieren

Matjesfilets, wenn nötig, wässern und danach gut trockentupfen. In sehr kleine Würfel schneiden. Frühlingszwiebeln putzen, waschen, in sehr feine Ringe schneiden. Gewürzgurken fein würfeln, Dill hacken. Die vorbereiteten Zutaten mit Zitronensaft mischen und im Kühlschrank 1 Stunde marinieren.
Eier in einem tiefen Teller mit einer Gabel verschlagen. Salzen und pfeffern und die gehackten Kräuter daruntermischen. Weißbrotscheiben im Ei wenden und in heißer Butter goldbraun braten.
Matjestartar durchrühren, abschmecken und auf die Brotscheiben häufen. Mit Crème fraîche und Dillspitzen garniert servieren.

ZWISCHEN TEER UND TAUWERK

BÜCKLINGSBOLLER
(4 Personen)

4 kleine Bücklinge
2 hartgekochte Eier
1 kleine Zwiebel
½ EL Butter
Salz
Pfeffer
Butter zum Braten
Schnittlauch zum Garnieren

Bücklinge enthäuten, entgräten und fein hacken. Eier pellen und ebenfalls fein hacken. Zwiebel fein würfeln. Bücklingshack, Eier, Zwiebeln und Butter gut miteinander vermengen.
Mit Salz und Pfeffer abschmecken. Aus der Masse kleine Bällchen formen und in heißer Butter ringsum goldbraun braten. Mit Schnittlauchröllchen garnieren.

Dazu schmeckt Vollkornbrot mit Butter.

MEIN TIP
Als Beilage schmeckt ein gemischter Blattsalat aus Endivie, Feldsalat und Brunnenkresse mit Radieschen und Senf-Vinaigrette.

ZWISCHEN TEER UND TAUWERK
Menschen, die vom Fischfang leben, wissen die Gaben des Meeres zu schätzen. Ein chinesisches Sprichwort sagt: „Gibst du einem Menschen einen Fisch, so hat er für einen Tag etwas zu essen. Gibst du ihm einen Korb voll Fische, so reicht es vielleicht für eine Woche. Lehrst du ihn aber das Fischen, so wird er ein Leben lang nie mehr hungrig sein."

ROLLING HOME

*Call all hands to man the capst'n,
See the cable flakes down clear,
Heave away, and with a will boys
for old England we will steer.
Refrain:
Rollin' home – rollin' home –
Rollin' home across the sea,
Rollin' home to dear old England,
Rollin' home, fair land, to thee.*

*Let us all heave with a will, boys.
Soon our cable we will trip,
Across the briny (southern) ocean,
We will steer our gallant ship.
(Refrain)*

*Man the bars with perfect will, boys,
Let all hands that can clap on;
And while we heave round the Capstan,
We will sing that wellknown song.
(Refrain)*

ROLLING HOME

GEROLLTE MATJES AUF APFELRINGEN
(4 Personen)

2 große Äpfel
Saft von 1 Zitrone
1 Becher (200 g) Schlagsahne
(z.B. von Milram)
1-2 EL geriebener Meerrettich
1 Prise Zucker
8 Matjesfilets
1 EL Preiselbeeren
1 TL gehackter Dill

Äpfel schälen, das Kerngehäuse mit einem Apfelausstecher ausstechen und die Äpfel jeweils in 4 Scheiben schneiden. Mit etwas Zitronensaft beträufeln. Sahne steif schlagen. Mit Meerrettich, Zucker und etwas Zitronensaft verrühren.

Jeweils ein zusammengerolltes Matjesfilet auf eine Apfelscheibe setzen. Mit Merrettichsahne füllen. Mit Preiselbeeren und Dill garnieren.

Dazu schmeckt Vollkornbrot mit Butter.

MEIN TIP

Am besten schmeckt die Sahne mit frisch geriebenem Meerrettich. Die Schärfe hängt vom Alter und der Sorte ab. Daher sollten Sie die Mischung erst probieren, dann entsprechend nachwürzen. Da man die ganze Meerrettichwurzel meistens nicht aufbraucht, reibe ich soviel ab, wie ich benötige. Den Rest der Wurzel stecke ich in meinem Garten in die Erde. Dort bleibt sie lange frisch.

HEUT GEHT ES AN BORD

Mit einem Schiff auf große Fahrt zu gehen, das ist der Traum von fernen Ländern, die Sehnsucht nach der Weite der Meere, nach sternenklarem Himmel, nach Erholung an Bord – und die Aussicht auf kulinarische Highlights vom Schiffskoch.

HEUT GEHT ES AN BORD

MATJESTARTAR
(4-6 Personen)

8 Matjesfilets
4 Zwiebeln
2 Gewürzgurken
1 Bund Petersilie
200 g Deutsche Markenbutter, gesalzen (z.B. von Milram)
Kopfsalat, Tomate und Kresse zum Garnieren

Zuerst Matjesfilets fein zerhacken. Zwiebeln und Gurken fein würfeln. Petersilie hacken. Alles in einer Schüssel mischen. Weiche Butter vorsichtig daruntermengen. Zu einem Laib formen und kühl stellen. Dann auf einer Platte mit Salatblättern, Tomaten und Kresse garniert anrichten.

MEIN TIP
Für ein kaltes Buffet fülle ich das Matjestartar in ausgehöhlte Tomaten und lasse sie im Kühlschrank gut durchkühlen, dann auf Salatblättern anrichten und mit Kresse garnieren.

SÜDWESTER IM STURM

Gut behütet auch auf See? Na klar, bei Schietwetter, wenn es aus „Kannen vom Himmel" gießt, ist die praktischste Kopfbedeckung der Südwester: Ein Hut, der flach ist, damit er nicht wegweht, und der hinten eine breite Krempe hat, damit Regen und Gischt nicht ins Genick laufen.

SÜDWESTER IM STURM

HERINGSSALAT
(6-8 Personen)

500 g Weißkohl
Salz
200 g durchwachsener Speck
8 Matjesfilets
2 EL Weißweinessig
1 TL Zucker
schwarzer Pfeffer aus der Mühle

Weißkohl putzen und in feine Streifen schneiden. In 1½ l leicht gesalzenem Wasser kurz blanchieren und auf einem Sieb gut abtropfen lassen. Den Speck in feine Streifen schneiden und in einer Pfanne anbräunen. Auf einen Teller zum Abkühlen geben. Matjesfilets in feine Streifen schneiden. Kohl, Speck und Matjes in einer Schüssel mischen. Mit Essig, einer Prise Salz, Zucker und Pfeffer mischen. Vor dem Servieren gut durchziehen lassen.

Dazu deftiges Landbrot reichen.

MEIN TIP
Wichtig ist, den Kohl nur 1-2 Minuten zu blanchieren, damit er noch Biß hat. Bei zu langem Kochen, wird der Kohl zu weich.

SHANTYMAN'S SNACK

Shanties waren zur Zeit der Windjammer Arbeits- und Freizeitlieder. Es gab Gangspill-Shanties, Lieder, die an der Ankerwinde gesungen wurden, Songs fürs Auftakeln und für den Feierabend. Der Shantyman war der Vorsänger, der „Chor" antwortete, und so entstanden wunderbare Lieder, die von der Arbeit der Seeleute, von ihrer Liebe und ihrem Leid handelten.

SHANTYMAN'S SNACK

KARTOFFELSALAT MIT MATJES
(4 Personen)

4 Matjesfilets
1 Kopfsalat (z. B. Endiviensalat, Radicchio oder Eisbergsalat)
500 g Pellkartoffeln
<u>Für die Marinade:</u>
4 EL Zitronenessig
Salz, Pfeffer
1 Prise Zucker
2 EL Öl
1 Zwiebel
je ¼ Bund Petersilie, Schnittlauch und Dill
4 EL saure Sahne

Matjesfilets in Würfel schneiden. Salat putzen, waschen und in Streifen schneiden. Pellkartoffeln würfeln. Alles vorsichtig mischen.

Aus Essig, Salz, Pfeffer, Zucker und Öl eine Marinade rühren. Zwiebel reiben und darunterrühren. Die Marinade über die Salatzutaten gießen und mischen. Etwa 20 Minuten im Kühlschrank durchziehen lassen.

Kräuter fein schneiden und mit der sauren Sahne verrühren. Über den Salat gießen.

KÄPT'N COOKS KATER-FRÜHSTÜCK

MATJESSALAT
(4 Personen)

½ grüne Paprikaschote
100 g Salatgurke
2 Tomaten
4 Matjesfilets (ca. 300 g)
1 säuerlicher Apfel
1 Zwiebel
1 Bund Petersilie
1 EL Essig
1 EL Worcestersauce
Salz, Pfeffer
2 EL Öl
einige Kopfsalatblätter

Paprikaschote in feine Streifen schneiden. Gurke schälen und in Scheiben schneiden. Tomaten achteln. Matjesfilets in Streifen schneiden. Apfel schälen, vierteln, Kerngehäuse entfernen und in Spalten schneiden. Alle vorbereiteten Zutaten in einer Schüssel mischen.
Zwiebel schälen und fein würfeln. Petersilie fein hacken. Aus Essig, Worcestersauce, Salz, Pfeffer und Öl eine Marinade rühren. Zwiebel und Petersilie zufügen. Über die Zutaten gießen, mischen und 30 Minuten durchziehen lassen. Auf Salatblättern anrichten.

Dazu schmecken Pellkartoffeln oder Vollkornbrot mit Butter.

MEIN TIP
Statt eines Weißweinessigs verwende ich für die Marinade auch gerne aromatischen Estragonessig.

LIEBESMAHL DER VENUS

MATJES-STAUDENSELLERIE-SALAT
(8-10 Personen)

6 Matjesfilets
3 Stangen Staudensellerie
½ Salatgurke
1 rote Zwiebel
2 säuerliche Äpfel
8 EL Essig
2 TL Worcestersauce
Salz, Pfeffer
8 EL Öl
1 Bund glatte Petersilie
1 Bund Dill

Falls erforderlich, Matjes 1 Stunde wässern oder in Milch einlegen. Gut abtropfen lassen, trockentupfen und in 1 cm breite Streifen schneiden. Staudensellerie in dünne Scheiben schneiden. Gurke schälen, längs halbieren, Kerne herausschaben und das Gurkenfleisch würfeln. Zwiebel würfeln. Äpfel schälen, entkernen und ebenfalls würfeln.
Die vorbereiteten Zutaten in eine Schüssel geben.
Aus Essig, Worcestersauce, Salz, Pfeffer und Öl eine Marinade rühren. Über die Zutaten gießen und alles mischen. Einige Stunden im Kühlschrank durchziehen lassen. Salat nochmals abschmecken. Kräuter hacken und darunterziehen.

MEIN TIP
Als Garnitur nehme ich rote Zwiebelringe und frische Staudenselleriblätter.

IMMENSEE-BÜCKLINGS-PLATTE

BÜCKLING IN PIKANTER SAUCE
(4 Personen)

2-4 Bücklinge, je nach Größe
2 EL Öl
1 EL Essig
1 TL Tomatenketchup
1 TL feine Zwiebelwürfel
Pfeffer
2 Äpfel
Zum Anrichten:
1 Tomate
1 hartgekochtes Ei
1 Bund Petersilie

Bücklinge häuten und entgräten. Die Bücklingsfilets zerlegen und auf einer Platte anrichten.
Aus Öl, Essig, Ketchup, Zwiebelwürfeln und Pfeffer eine Sauce rühren. Äpfel schälen, vierteln, entkernen und fein würfeln. Apfelwürfel unter die Sauce rühren. Apfelsauce auf den Bücklingsfilets verteilen und gut durchziehen lassen.
Vor dem Anrichten mit Tomatenachteln, Eischeiben und gehackter Petersilie garnieren.

Dazu schmeckt Vollkornbrot mit Butter.

STÖRTEBEKERS DIP

MATJES-PARTY-DIPS
(12 Personen)

12 Matjesfilets (ca. 50 g pro Stück)
Für den Ei-Senf-Dip:
3 hartgekochte Eigelb
1-2 TL mittelscharfer Senf
weißer Pfeffer aus der Mühle
etwas Buttermilch
Für den Curry-Dip:
½ Glas (125 g) Mayonnaise
75 g Crème fraîche (z.B. von Milram)
Salz, Pfeffer
1 Prise Zucker
½ TL Curry
2 TL Cumberlandsauce
Für den Meerrettich-Dip:
½ Glas (125 g) Mayonnaise
75 g Crème fraîche (z.B. von Milram)
Salz, Pfeffer
2 TL geriebener Meerrettich
aus dem Glas
1 Spritzer Zitronensaft
1 Prise Zucker

Sollten die Matjesfilets zu salzig sein, 1 Stunde wässern. Dann die Matjesfilets trockentupfen.
Für den Ei-Senf-Dip Eigelb mit Senf Pfeffer und etwas Buttermilch zu einer glatten Creme rühren. Die Creme dekorativ in die leicht gedrehten Matjes spritzen.
Die Zutaten für den Curry-Dip und den Meerrettich-Dip jeweils zu einer glatten Creme verrühren und ebenfalls in die Matjes spritzen.

MEIN TIP
Eine gemüsefrische „Grundlage" für die Matjes sind sehr feingeschnittene Möhren und Frühlingszwiebeln, die dazu als knackige Rohkost schmecken.

STÖRTEBEKERS DIP
Klaus Störtebeker war ein berühmt-berüchtigter Seeräuber des 14. Jahrhunderts. Von allen gefürchtet, trieben seine Freibeuter um Helgoland und an den Flußmündungen der Nordsee ihr Unwesen. Der Name Störtebeker heißt auf hochdeutsch soviel wie „stürzt den Becher".
Diesem Namen machte er alle Ehre, konnte er doch einen Bierkrug in einem Zug hinunterstürzen.
Als Grundlage für maßvolleren Biergenuß empfehle ich Ihnen meine Party-Matjes.

SÜDSEETRAUM

MATJES-MELONEN-SALAT
(4 Personen)

6 Matjesfilets
½ Honigmelone
¼ Wassermelone (etwa 500 g)
30 g gestiftelte Mandeln
3 EL Zitronensaft
Salz, Pfeffer
5 EL Cream Sherry
3-4 EL Öl
je ½ Bund Petersilie und Zitronenmelisse

Sollten die Matjesfilets zu salzig sein, 1 Stunde wässern. Dann trockentupfen und in mundgerechte Streifen schneiden.
Aus dem Melonenfruchtfleisch Kugeln ausstechen (Melonenausstecher gibt es in Haushaltswarengeschäften) oder das Fruchtfleisch würfeln.
Mandeln in einer Pfanne ohne Fett goldbraun rösten, sofort auf einen Teller geben, damit sie nicht schwarz werden.
Zitronensaft, Salz, Pfeffer und Sherry verrühren. Nach und nach das Öl darunterrühren.
Matjesstreifen mit den Melonenkugeln und den Mandeln mischen und die Marinade darübergeben.
Petersilie und Zitronenmelisse fein hacken und darüberstreuen.

SÜDSEETRAUM

Nachdem die ersten Nachrichten vom paradiesischen Leben der Südseeinsulaner nach Europa gelangt waren, wurden kulinarische Mischungen aus exotischen Früchten und salziger Traditionskost modern. Diese Kombination schmeckt heute noch!

SONNENDECK

CHICORÉESALAT MIT BÜCKLING
(4 Personen)

4 Chicorée
150 g blaue Weintrauben
30 g Walnußkerne
100 g Sojasprossen
2 Bücklinge
1 Becher (150 g) Vollmilchjoghurt (z. B. von Milram)
Saft von 1 Zitrone
2 EL Curry
1 Prise Zucker
Salz, Pfeffer

Chicorée putzen und die Blätter einzeln voneinander trennen. Eine flache Salatschüssel damit auslegen. Weintrauben abbrausen, halbieren und evtl. entkernen. Walnüsse grob hacken. Sojasprossen abspülen und abtropfen lassen. Bücklinge filetieren und in mundgerechte Stücke teilen. Joghurt mit Zitronensaft und Curry verrühren. Mit Zucker, Salz und Pfeffer abschmecken. Die zerkleinerten Salatzutaten damit vorsichtig mischen und auf dem Chicorée anrichten.

MEIN TIP
Der Salat bekommt mit 2 EL feingeschnittener Minze eine besonders frische Kräuternote.

PANTRY-ZAUBEREI

SPINATSALAT MIT ROTEN BOHNEN UND MATJES
(4 Personen)

1 kleine Dose rote Bohnen
400 g Blattspinat
4 rote Zwiebeln
4 Matjesfilets
1 Becher (150 g) Vollmilchjoghurt (z. B. von Milram)
abgeriebene Schale und Saft von 1 Zitrone (unbehandelt)
1 Prise Zucker
Salz, Pfeffer
2 Scheiben Toastbrot
2 EL Butter
2 Knoblauchzehen

Bohnen auf ein Sieb geben, kalt abbrausen und abtropfen lassen. Spinat gründlich waschen, putzen und die Blätter von den Stielen zupfen. Zwiebeln schälen und in feine Ringe schneiden. Matjes in Streifen schneiden. Alle vorbereiteten Zutaten in einer Schüssel mischen.
Joghurt mit Zitronenschale und -saft verrühren. Mit Zucker, Salz und Pfeffer abschmecken. Unter den Salat ziehen.
Toastbrot in kleine Würfel schneiden. Butter erhitzen. Geschälte Knoblauchzehen dazupressen und die Toastbrotwürfel darin goldbraun rösten. Über den Salat streuen.

PANTRY-ZAUBEREI

„Pantry" heißt die Küche auf großen und kleinen Schiffen. Ursprünglich bezeichnete das englische Wort nur die Anrichte in feinen Bürgerhäusern. Die „Smutjes", also die Schiffsköche, übernahmen es für ihren – meist sehr engen – Arbeitsraum.

SONNENDECK

Das ist der schönste Platz auf einem Kreuzfahrtschiff. Ausruhen, flirten, bräunen heißt hier die Devise – und natürlich essen. Leichte Kleinigkeiten als Zwischendurch-Snack, der die Zeit bis zum großen „Lunch" oder Dinner überbrücken hilft.

Fix und fertig zubereiteter Sahnequark und Crème fraîche sind ein fantastisches Duo für feine Heringsschlemmereien, die Sie im Nu zubereitet haben. Die Geschmackspalette reicht vom fein-würzigen Milram Frühlings Quark (für Kalorienbewußte auch als Frühlings Quark leicht) über Paprika Quark und Tsatsiki Quark bis hin zum sahnig-scharfen Meerrettich, Pfeffer und Knoblauch Quark. Milram Frühlings Crème fraîche und Knoblauch Crème fraîche runden das Sortiment vortrefflich ab, so daß jeder auf seinen Geschmack kommt.

ALLE MANN AN BORD

FRÜHLINGS-MATJES
(10 Personen)

20 Matjesfilets in Rotwein
1 l Buttermilch
1 Bund Frühlingszwiebeln
2 Bund Dill
grober Pfeffer aus der Mühle
Für die Sauce:
250 g Mayonnaise
1 Becher (125 g) Crème fraîche von Milram
$1/8$ l Tomatenketchup
2-3 EL Cognac oder Weinbrand
1 Spritzer Tabasco
Salz, Pfeffer
1 Prise Zucker

Matjesfilets 30 Minuten in Buttermilch einlegen. Frühlingszwiebeln putzen, waschen und in feine Ringe schneiden. Dill hacken.
Für die Sauce alle Zutaten verrühren und abschmecken.
Matjesfilets aus der Buttermilch nehmen, trockentupfen und auf einer Platte anrichten. Mit etwas grobem Pfeffer bestreuen. Frühlingszwiebeln und Dill darauf verteilen. Mit der Sauce zusammen servieren.

MEIN TIP
Statt Frühlingszwiebeln nehme ich für dieses Rezept auch Gemüsezwiebeln oder die besonders milden weißen Zwiebeln.
Wichtig: Die Zwiebeln werden in hauchdünne Ringe geschnitten.

ALLE MANN AN BORD
Einmal bekamen wir Besuch von einem waschechten Seebären. Da er, egal wo, Seemannsjargon sprach, wurde unser Zuhause schnell zum Schiff: Die Wohnstube war Messe, Fenster wurden zu Bullaugen, die Küche war Kombüse und ich darin Smutje. Als ich meine Frühlings-Matjes servierte, hieß es dann auch prompt: „Essen fassen, alle Mann an Bord!"

WESTWIND
Er brachte den Seeleuten der Ostseeküste einst Freizeit – weil bei „Westlichem Wind" nicht ausgelaufen werden konnte. Dann wurde in Ruhe geschmaust, bis der Sturm sich legte.

WESTWIND

BOHNEN-MATJES-SALAT
(4 Personen)

400 g Kartoffeln
4 EL Weißweinessig
Salz, Pfeffer
6 EL Olivenöl
200 g grüne Bohnen
1 mittelgroße Zwiebel
50 g eingelegte Paprikaschoten
75 g Frühstücksspeck
4 Matjesfilets
$1/2$ Bund Dill

Kartoffeln gründlich waschen und mit Schale in Salzwasser 20-25 Minuten kochen. Kartoffeln pellen und würfeln.
Essig mit Salz, Pfeffer und Öl verrühren und über die Kartoffeln gießen.
Grüne Bohnen putzen, waschen und in Stücke brechen. In Salzwasser 8-10 Minuten garen.
Zwiebel in Ringe schneiden und kurz blanchieren. Sofort unter die Kartoffeln mischen.
Paprika kleinschneiden. Speck fein würfeln und in einer Pfanne knusprig ausbraten. Matjesfilets in Streifen schneiden. Bohnen abgießen und mit Kartoffeln, Speck, Paprika und Matjes mischen. Würzen. Den Salat mit Dillspitzen bestreuen.

Dazu paßt Toast mit Butter.

5

INS NETZ
GEGANGEN
HERING NACH INTERNATIONALER ART

Der Hering zeigt sich hier
„weltmännisch" –
und das ist die Spitzenklasse.
Fernöstliche Kreationen
schmecken ebensogut wie
mediterrane Gerichte.

SMUTJES ZWISCHENMAHLZEIT

HERINGE MIT ZITRONENSAUCE
(4 Personen)

4 grüne Heringe, küchenfertig
Salz
Pfeffer aus der Mühle
16 kleine Lorbeerblätter
100 ml Olivenöl
4 EL Weißwein
2 Zitronen (unbehandelt)
1 Bund Petersilie

Heringe abspülen und trockentupfen, innen und außen salzen und pfeffern. Auf jeder Seite zwei flache Einschnitte machen und die Lorbeerblätter hineinstecken.
Eine feuerfeste Form mit 2 EL Öl auspinseln und die Heringe hineinlegen. Mit 2 EL Öl und dem Wein beträufeln. Eine Zitrone heiß waschen, abtrocknen und in Scheiben schneiden. In der Form verteilen. Im vorgeheizten Backofen bei 200 Grad 15-20 Minuten backen.
Zweite Zitrone auspressen, zusammen mit dem restlichen Öl und den Petersilienblättern in einen Mixer geben und pürieren. Mit Salz und Pfeffer abschmecken und zu den Heringen servieren.

MEIN TIP
Ich gebe gerne 2 Sellerieblätter mit in den Mixer, das gibt der Zitronensauce ein kräftig pikantes Aroma.

SMUTJES ZWISCHENMAHLZEIT
Ob an Bord oder an Land, mit kleinen Zwischenmahlzeiten, wie sie der Schiffskoch Kreuzfahrtpassagieren serviert, haben Sie Kurs genommen auf eine gesunde Ernährung. Daß diese Snacks an Bord von Handelsschiffen deftiger ausfallen, liegt an der körperlichen Arbeit und viel frischer Luft. Aber auch Landratten lassen sich meine Heringe mit Zitronensauce als Hauptgericht schmecken.

HERINGE À LA JOVANKA

GEGRILLTE HERINGE
(4 Personen)

4 grüne Heringe, küchenfertig
Saft von 1 Zitrone
Salz, Pfeffer
2 Zwiebeln
1 rote Paprikaschote
2 Bund glatte Petersilie
1 Zweig frischer Rosmarin
2 EL körniger Senf
2 EL Öl
Zitrone und Petersilie
zum Anrichten

Heringe abspülen und mit Küchenpapier trockentupfen. Mit Zitronensaft beträufeln. Innen salzen, außen pfeffern. Zwiebeln schälen. Paprika putzen und waschen. Beides in feine Würfel schneiden. Petersilie und Rosmarinnadeln hacken. Alles mischen und in die Heringe füllen.
Heringe in eine gefettete Grillschale legen. Senf und Öl verrühren. Die Heringe damit bepinseln. Unter dem vorgeheizten Grill ca. 20 Minuten grillen. Dabei zwischendurch einmal wenden. Mit Zitronenachteln und Petersilie anrichten.

Dazu schmeckt Kartoffelsalat.

PASSAT VOR PALERMO

HERINGE SIZILIANISCH
(4 Personen)

4 grüne Heringe, küchenfertig
2 Zitronen (davon 1 unbehandelt)
Salz
2 EL Kapern
1 Töpfchen Zitronenmelisse
100 ml Weißwein
500 g passierte Tomaten
(aus der Packung)
2 EL Öl
1 Knoblauchzehe
1 Bund Basilikum
Pfeffer
1 Prise Zucker

Heringe abspülen und trockentupfen. Mit dem Saft von einer Zitrone säuern. Innen und außen etwas salzen. Die zweite Zitrone heiß abwaschen, abtrocknen und in sehr dünne Scheiben schneiden. Heringe mit Zitronenscheiben, Kapern und einigen Zitronenmelisseblättchen füllen. Nebeneinander in eine feuerfeste Form legen. Weißwein angießen und im vorgeheizten Backofen bei 175 Grad 20-25 Minuten garen.
Tomatenpüree mit Öl verrühren. Knoblauchzehe dazupressen. Basilikum abspülen, trockenschütteln und die Blättchen fein hacken. Unter das Tomatenpüree rühren. Mit Salz, Pfeffer und Zucker abschmecken. Die restliche Zitronenmelisse hacken und darüberstreuen.
Die Sauce schmeckt heiß oder kalt zu den Heringen.

Dazu passen Petersilienkartoffeln.

SHALOM, BENJAMIN

HERINGSPASTETE
(4-6 Personen)

12 ungesüßte Mürbekekse
4 Äpfel, z. B. Granny Smith
4 hartgekochte Eier
8 Matjesfilets
5-6 EL Obstessig
Salz, schwarzer Pfeffer
1 Messerspitze Zimt
1 Prise Zucker
Petersilie zum Garnieren

Kekse in einem Mixer fein zermahlen und in eine Schüssel geben. Äpfel vierteln, entkernen und grob zerkleinern. In den Mixer geben und kurz hacken – nicht zu fein, sie dürfen nicht breiig werden. Eier fein hakken. Heringe in Stücke schneiden und in den Mixer geben und kurz durchhacken. Alles zu den Keksen geben und vermengen.
Mit Essig, Salz, Pfeffer, Zimt und Zucker abschmecken.
Die Heringspastete auf eine flache Platte geben und etwas formen. Abgedeckt bis zum Anrichten in den Kühlschrank stellen. Mit Petersilie garnieren.

Dazu Toast oder Vollkornbrot mit Butter reichen.

SHALOM, BENJAMIN
Die Anregung für dieses ungewöhnliche Fischrezept habe ich für Sie aus Israel mitgebracht. Dort lernte ich die Familie Jeremias kennen: Benjamin, seine Frau Hannah und den Sohn Uri. Benjamin war eine imposante Persönlichkeit mit langem Bart und beeindruckte sehr durch seine klugen Reden. Als Begründer von OLIVA, einer weltweiten jüdischen Friedensgesellschaft fand er immer wieder versöhnliche Worte. Sein Sohn Uri war Besitzer eines Fischrestaurants und verriet mir das Geheimnis der Fischpastete. Wieder daheim, habe ich das Rezept mit unserem Matjes neu kreiert.

HAFEN IN SICHT

SALAT NIÇOISE MIT MATJES
(6 Personen)

1 knackiger Kopfsalat (Eisberg oder Römer)
6 reife Tomaten
1 Gemüsezwiebel
½ Salatgurke
4 hartgekochte Eier
6 Matjesfilets
100 g schwarze Oliven
4 EL Weißweinessig
Salz, Pfeffer
1 TL Kräuter der Provence
6 EL Olivenöl

Kopfsalat putzen, waschen und zerpflücken. Tomaten in Spalten schneiden. Zwiebel schälen und in dünne Ringe schneiden. Gurke waschen und in Scheiben schneiden. Eier pellen und vierteln. Matjes abspülen, trockentupfen und in Streifen schneiden. Alle vorbereiteten Zutaten und die Oliven mischen.
Essig mit Salz, Pfeffer und Kräutern verrühren. Nach und nach das Öl darunterrühren. Marinade über den Salat gießen und sofort servieren.

VON SHANGHAI NACH ST. PAULI

HERINGE, CHINESISCHE ART
(4 Personen)

12 kleine grüne Heringe, küchenfertig
1 EL Salz
1 EL frisch geriebener Ingwer
1 Tasse Mehl
Öl zum Ausbacken
Für die Sauce:
1 Zwiebel
1 Bund Staudensellerie
2 EL Erdnußöl
1 kleine Dose Mandarinen
1/8 l Hühnerbrühe (Instant)
3 EL Essig
2 EL Sojasauce
Salz, Pfeffer
1-2 EL Speisestärke

Heringe abspülen und trockentupfen. Salz und Ingwer mischen und die Heringe damit bestreichen. 1 Stunde ziehen lassen.
Dann die Heringe im Mehl wenden. Öl in einer tiefen Pfanne oder einem Wok erhitzen und die Heringe darin ausbacken. Heringe auf Küchenpapier abtropfen lassen.
Für die Sauce Zwiebel schälen und in Ringe schneiden. Sellerie putzen, waschen und fein schneiden.
Erdnußöl erhitzen. Zwiebeln und Sellerie darin kurz anbraten. Mandarinen mit Saft und Brühe zugeben und einmal kurz aufkochen. Mit Essig, Sojasauce, Salz und Pfeffer abschmecken. Speisestärke mit einem Schuß Wasser glattrühren und die Sauce damit binden. Die Heringe auf eine Platte geben und die Sauce darübergießen.

MEIN TIP
Dazu reiche ich Reis, den ich mit ein paar Safranfäden koche. Das sieht nicht nur hübsch aus, sondern schmeckt wunderbar exotisch. Eine Handvoll über Nacht eingeweichte Rosinen machen aus dem Reis eine Luxus-Beilage.

VON SHANGHAI NACH ST. PAULI
Reich beladen kehrten die großen Kreuzfahrtschiffe von ihren Eroberungsfahrten über die sieben Weltmeere in die Heimat zurück. An Bord Schätze für Küche und Keller aus Fernost und dem fernen Westen. Aromatische Gewürze, feine Öle und tropische Früchte waren damals Kostbarkeiten und für die Reichen bestimmt. Heute können Sie die Zutaten für meine Heringe nach chinesischer Art in jedem Supermarkt kaufen!

SCHÄTZE AUS DEM LADERAUM

HERINGE IN SALZKRUSTE
(4 Personen)

1 kg Meersalz
1 Eiweiß
100 ml Wasser
4 kleine grüne Heringe (geschuppt, ausgenommen, aber mit Kopf)
weißer Pfeffer aus der Mühle
4 Lorbeerblätter
Petersilie zum Garnieren

Salz mit Eiweiß und Wasser zu einem festen Teig vermischen.
Heringe abspülen und trockentupfen. Innen mit Pfeffer würzen und mit je einem Lorbeerblatt füllen.
Die Hälfte der Salzmasse zu 4 Portionen auf einem leicht geölten Backblech in Heringsform verteilen. Die Heringe darauf legen. Restliches Salz daraufgeben und das Salz um die Heringe fest andrücken. Im vorgeheizten Backofen bei 220 Grad 30 Minuten backen.
Salzkruste aufbrechen und die Heringe auf einer vorgewärmten Platte anrichten. Mit Petersilie garnieren.

Dazu schmeckt das Kartoffel-Knoblauch-Püree von Seite 85 und frischer Salat.

5. Kapitel

ROTE BOJEN AUS DER ADRIA

GEFÜLLTE PAPRIKASCHOTEN MIT BÜCKLING
(4 Personen)

4 rote Paprikaschoten
Salz, Pfeffer
1 großer Bückling
1 kleine Dose Sauerkraut
2 Äpfel
1 Prise Zucker
Paprika-Edelsüß
1 Becher (200 g) saure Sahne,
10% Fett (z.B. von Milram)
Butter für die Form

Paprikaschoten waschen und trocknen. Einen Deckel abschneiden, Kerne und Innenwände aus den Schoten entfernen. Ausspülen und trockentupfen. Schoten von innen salzen und pfeffern.
Bückling filetieren und in Stücke teilen. Sauerkraut mit einer Gabel auflockern. Äpfel vierteln, entkernen und würfeln. Alles mischen und mit Salz, Pfeffer, Zucker und Paprikapulver würzen. Paprikaschoten damit füllen und in eine gefettete Auflaufform setzen. Deckel auflegen. Im vorgeheizten Backofen bei 200 Grad 50-60 Minuten garen.
10 Minuten vor Ende der Garzeit die saure Sahne darübergießen und offen weitergaren.

Dazu körnig gekochten Reis reichen.

ROTE BOJEN AUS DER ADRIA
Für den Seemann sind sie lebenswichtig, die roten Bojen, die in Buchten, Flußmündungen und zum Beispiel auf der Elbe die linke (Backbord-) Seite der Fahrrinne kennzeichnen – vom Meer her gesehen.
Wer sie überfährt, landet auf einer „Untiefe", was auf hochdeutsch heißt: er strandet. Mit meinen „Bojen" kann Ihnen das nicht passieren.

WIKINGER-SCHMAUS

ROTER HERINGSSALAT
(8 Personen)

2 mittelgroße Zwiebeln
2 säuerliche Äpfel
2 hartgekochte Eier
2 Pellkartoffeln
100 g gekochter Sellerie
8 Bismarckheringe
250 g rote Bete aus dem Glas
2 Gewürzgurken
200 g Schweinebraten-Aufschnitt

Für die Mayonnaise:
2 Eigelb
1 EL Zitronensaft
Salz, Pfeffer
1/4 l Öl
1/2 Becher (100 g) Schlagsahne
(z. B. von Milram)
2 EL geriebener Meerrettich

Zwiebeln, Äpfel, Eier und Kartoffeln schälen. Alles in kleine Würfel schneiden, auch Sellerie, Heringe, rote Bete, Gurken und Schweinebraten-Aufschnitt.
Eigelb mit Zitronensaft, Salz und Pfeffer verrühren. Nach und nach das Öl darunterschlagen. Die Mayonnaise mit Sahne und 6 EL Rote Bete-Saft verrühren und mit Meerrettich würzen. Die Mayonnaise mit den vorbereiteten Zutaten mischen, gut durchziehen lassen.

Dazu Vollkornbrot mit Butter reichen.

MEIN TIP
Für die Mayonnaise gebe ich Eigelb, Zitronensaft, Salz und Pfeffer in einen Rührbecher und schlage das Öl mit dem Pürierstab darunter.

VOR ANKER LIEGEN

CHIANTI-RISOTTO ZU AALRAUCH-MATJES
(4 Personen)

1 Zwiebel
2 Knoblauchzehen
80 g Butter
200 g Risotto-Reis (z.B. Avorio)
3/8 l Chianti
etwa 1/2 l Hühnerbrühe (Instant)
40 g Rauke
3-4 EL geriebener Parmesan
Salz, Pfeffer
4 Aalrauch-Matjes

Zwiebel und Knoblauch schälen und würfeln. 40 g Butter zerlassen. Reis einstreuen und glasig dünsten. Zwiebeln und Knoblauch zufügen. Mit Chianti ablöschen und 1/8 l Brühe angießen. Offen etwas einkochen lassen. Restliche Brühe angießen und zugedeckt 30-40 Minuten ausquellen lassen. Eventuell noch etwas Brühe zufügen. Rauke abspülen, fein schneiden. Restliche Butter und Parmesan unter den Risotto rühren. Mit Salz und Pfeffer abschmecken. Rauke darunterziehen.
Matjes in Stücke schneiden und auf dem Risotto anrichten.

VOR ANKER LIEGEN
Wenn ein Schiff nicht in den Hafen einlaufen kann, also auf der Reede „vor Anker liegt" hat der Smutje Zeit zum Experimentieren. Dann mischt er frische Zutaten von Land mit vorhandenen zu erstklassigen Gerichten.

SKIPPERS FRÜHSTÜCK

HERINGS-KEDGEREE
(4 Personen)

1 Zwiebel
2 EL Butter
200 g Reis
400 ml klare Hühnerbrühe (Instant)
2 hartgekochte Eier
2 Bücklinge
1 Bund Petersilie
1 Bund Schnittlauch

Zwiebel schälen und würfeln. Butter zerlassen und die Zwiebeln darin andünsten. Reis zufügen und kurz andünsten. Brühe angießen und aufkochen. Reis 20 Minuten ausquellen lassen.
Eier vierteln. Bücklinge filetieren und in Stücke teilen. Kräuter abbrausen, trockenschütteln und fein schneiden. Alles unter den Reis ziehen und mit Salz und Pfeffer abschmecken.

KURS MITTELMEER

KRÄUTER-HERING IN PERGAMENT
(4 Personen)

4 grüne Heringe, küchenfertig
Salz, Pfeffer
4 Knoblauchzehen
Saft von 1 Zitrone
2 Fenchelknollen
4 Tomaten
4 kleine Zweige Rosmarin
½ Bund Thymian
1 EL Olivenöl
Pergamentpapier

Heringe abspülen und trockentupfen. Innen und außen mit Salz und Pfeffer einreiben. Knoblauch schälen und zum Zitronensaft pressen. Die Heringe damit beträufeln. Fenchel putzen und in feine Streifen schneiden. Tomaten waschen und in Scheiben schneiden.
Pergamentpapier dreilagig übereinanderlegen. 4 große Stücke zum Einwickeln der Heringe zurechtschneiden. Fenchel auf die 4 Bögen verteilen. Darauf je einen Hering legen. Mit Tomatenscheiben und abgespülten Kräuterzweigen belegen.

Mit Olivenöl beträufeln. Pergament wie ein Päckchen zusammenfalten. Im vorgeheizten Backofen bei 220 Grad 15-20 Minuten backen. Päckchen auf Teller legen und bei Tisch öffnen.

Dazu Stangenweißbrot reichen.

MEIN TIP
Den Fischhändler um große feste Bögen Pergament bitten. Zum Einschlagen reicht dann ein Bogen pro Fisch.

TOSKANA FERNWEH

HERINGE IN SALBEIBUTTER
(4 Personen)

200 g getrocknete, große weiße Bohnen (Butterbohnen)
1 Zwiebel
1 Knoblauchzehe
200 g Steinpilze oder rosa Champignons
6-8 EL Olivenöl
1 Bund Petersilie
Salz, Pfeffer
8 grüne Heringe, küchenfertig
Mehl zum Bestäuben
1 Bund Salbei

Getrocknete Bohnen in Wasser 35-45 Minuten weich kochen. Zwiebel und Knoblauch schälen und würfeln. Pilze säubern und blättrig schneiden. 2 EL Olivenöl erhitzen. Pilze, Zwiebeln und Knoblauch darin anbraten. Bohnen abgießen und abtropfen lassen. Zu den Pilzen geben und kurz durchschwenken. Petersilie abbrausen, trockenschütteln und hacken. Unter die Bohnen ziehen. Mit Salz und Pfeffer abschmecken. Heringe abspülen, trockentupfen und innen und außen mit Salz und Pfeffer würzen. Heringe mit Mehl bestäuben. Salbeiblätter von den Stielen zupfen. Restliches Olivenöl in einer großen Pfanne erhitzen und die Heringe darin von beiden Seiten goldbraun braten. Dabei die Salbeiblätter mitbraten. Heringe und Salbeiblätter auf den Bohnen anrichten.

LEUCHTTURM-FEUER

LINSEN-CURRY MIT MATJES
(4 Personen)

250 g Linsen (am besten sind Puy-Linsen)
Salz
1 Zwiebel
1 Knoblauchzehe
2 EL Öl
1 Messerspitze Anis
1 EL Curry
½ TL Chilipulver
⅛ l klare Brühe (Instant)
1 Bund Frühlingszwiebeln
4 EL Mandarinen aus der Dose
Pfeffer
2 Matjesfilets oder Aalrauch-Matjes

Linsen in leicht gesalzenem Wasser 25-30 Minuten kochen. Zwiebel und Knoblauch schälen und würfeln. Öl erhitzen und Zwiebel- und Knoblauchwürfel darin andünsten. Anis, Curry und Chilipulver darüberstäuben und kurz anschwitzen. Brühe angießen und aufkochen. Frühlingszwiebeln putzen, waschen und fein schneiden. In die Brühe geben und 1 Minute garen. Linsen abgießen und mit den Mandarinen zu den Frühlingszwiebeln in die Brühe geben. Mit Salz, Pfeffer und etwas Orangensaft abschmecken. Matjes abspülen, trockentupfen und in Streifen schneiden. Unter das Linsen-Curry ziehen.

LEUCHTTURM-FEUER

Schon die alten Ägypter kannten sie – Leuchttürme, die Schiffe nachts vor Klippen warnten. Der berühmteste war in der Antike der Leuchtturm von Alexandria, eines der sieben Weltwunder. Nach ihm habe ich mein Mittelmeergericht benannt.

TOSKANA FERNWEH

Ich liebe die Nordseeküste, ihren dramatischen Wolkenhimmel, ihre stillen Nebeltage, die winterliche Sturmzeit. Manchmal packt mich aber die Sehnsucht nach der lieblichen Toskana. Dann koche ich Heringe auf südländische Art.

NEAPOLITANISCHER FISCHERSCHMAUS

ÜBERBACKENE MAKKARONI MIT BÜCKLING
(4 Personen)

400 g Makkaroni
Salz
2 Bücklinge
½ l Tomatenpüree
(aus der Packung)
Cayennepfeffer, Tabasco
1 Bund Basilikum
3 EL Semmelbrösel
3 EL geriebener Gouda
2 EL Butter

Makkaroni in reichlich Salzwasser bißfest kochen. Abgießen und abtropfen lassen.

Bücklinge filetieren, in Stücke teilen und mit den Makkaroni mischen. In eine gefettete Auflaufform geben.
Tomatenpüree mit Salz, Cayennepfeffer und Tabasco kräftig abschmecken. Basilikum abbrausen, trockenschütteln und die Blätter fein hacken, unter die Tomatensauce rühren. Sauce über die Nudeln gießen. Alles mit Semmelbröseln und Käse bestreuen. Butterflöckchen daraufsetzen und im vorgeheizten Backofen bei 220 Grad 10-15 Minuten überbacken.

Dazu schmeckt der Gurkensalat von Seite 89.

VON PIRÄUS NACH HELGOLAND

PINIEN-HERINGE
(4 Personen)

8 grüne Heringe, küchenfertig
Salz, Pfeffer
Mehl zum Bestäuben
100 g Margarine
500 g frische Champignons
1 Knoblauchzehe
1 Bund Frühlingszwiebeln
100 g frisches Weißbrot
50 g Butter
50 g Pinienkerne
4 EL trockener Weißwein

Heringe abspülen und trockentupfen. Innen und außen mit Salz und Pfeffer einreiben. Im Mehl wenden.
80 g Margarine erhitzen und die Heringe darin von jeder Seite 2 Minuten braten.

Champignons waschen, putzen und in Scheiben schneiden. In der restlichen Margarine andünsten. Salzen und pfeffern, die gepellte Knoblauchzehe dazupressen. Pilze in eine feuerfeste Form geben und die Heringe nebeneinander darauflegen.
Frühlingszwiebeln putzen, waschen, in feine Ringe schneiden. Weißbrot entrinden, klein würfeln. Butter in einer Pfanne schmelzen und Zwiebeln, Brotwürfel und Pinienkerne darin 1 Minute unter Rühren andünsten. Salzen und pfeffern. Alles auf den Heringen verteilen. Mit Wein beträufeln und im vorgeheizten Backofen bei 200 Grad auf der mittleren Schiene ca. 15 Minuten backen.

Dazu schmeckt ein frischer Salat.

VON KONTINENT ZU KONTINENT

SHANGHAI-HERINGE
(4 Personen)

8 grüne Heringe, küchenfertig
6 Knoblauchzehen
1 walnußgroßes Stück Ingwer
⅛ l Sojasauce
150 ml trockener Sherry
500 g Schalotten
2 EL Sesamsamen, ungeschält
1 EL Öl
reichlich Öl zum Braten
1 EL Zucker
1 EL Weißweinessig
1 Bund Schnittlauch

Heringe abspülen und trockentupfen. Auf jeder Seite im Abstand von 2 cm bis zur Mittelgräte einschneiden.
Knoblauch und Ingwer schälen und würfeln. Beides mit Sojasauce und der Hälfte des Sherrys verrühren. Marinade über die Heringe gießen und 40 Minuten marinieren.
Schalotten schälen und vierteln. In einer beschichteten Pfanne Sesam hellbraun rösten. 1 EL Öl zugeben, Schalotten darin goldbraun anbraten und mit dem restlichen Sherry ablöschen. Zugedeckt bei milder Hitze 10 Minuten dünsten.
Heringe aus der Marinade nehmen und auf Küchenpapier abtropfen lassen. Öl in einer tiefen Pfanne erhitzen, die Heringe darin pro Seite 7 Minuten braten. Marinade zu den Schalotten geben und einmal aufkochen lassen. Mit Zucker und Essig süßsauer abschmecken. Schnittlauch in Röllchen schneiden und über die Heringe streuen. Zusammen mit der Schalotten-Marinade servieren.

Als Beilage körnig gekochten Reis reichen.

MALLORCIENISCHER SEEMANNSGRUSS

PAELLA MIT GEBRATENEN HERINGEN
(8-10 Personen)

1 Poularde
750 g Fischreste
2 grüne Paprikaschoten
2 Bund Petersilie
2 Zwiebeln
8-10 Knoblauchzehen
2 Tütchen Safran
Salz, Pfeffer
8-10 kleine grüne Heringe, küchenfertig
Mehl zum Wenden
je 1 rote und gelbe Paprikaschote
4 Tomaten
10 EL Olivenöl
400 g Rundkornreis
300 g tiefgefrorene Erbsen
250 g rohe Shrimps mit Schale
2 Zitronen, unbehandelt

Poularde abspülen. Haut entfernen und die Poularde in 8 Teile zerlegen. Flügel, Hals und Haut mit den Fischresten in einen Topf geben. 1 Paprikaschote vierteln, putzen und würfeln. Mit 1 Bund Petersilie, geschälten Zwiebeln, 5 geschälten Knoblauchzehen und 1 Tütchen Safran zufügen.
1 l Wasser angießen und 30 Minuten leise köcheln lassen. Brühe durchsieben und mit Salz und Pfeffer würzen.
Heringe abspülen, trockentupfen und im Mehl wenden.
Paprikaschoten vierteln, putzen und dabei die weißen Kernchen und Rippen entfernen. Paprikaschoten abspülen und würfeln. Tomaten kreuzweise einritzen und 1-2 Minuten in kochendem Wasser überbrühen. Kalt abschrecken, häuten und würfeln. Restlichen Knoblauch schälen und hacken.
2 EL Öl erhitzen und die Poulardenteile darin ringsum anbraten. Etwas Brühe angießen und 10 Minuten schmoren. In eine Paellapfanne geben.
2 EL Öl erhitzen. Paprikaschoten, Tomaten und restlichen Knoblauch darin andünsten. In die Paellapfanne geben. Den ungekochten Reis, die Erbsen und den restlichen Safran daruntermischen. ¾ l Brühe angießen und die Pfanne mit Alufolie abdecken. Im Backofen bei 200 Grad 20 Minuten garen.
2 EL Öl in einer Pfanne erhitzen und die Shrimps darin 3 Minuten braten. Shrimps aus der Pfanne nehmen und beiseite stellen. Restliches Öl erhitzen und die Heringe darin von beiden Seiten goldbraun braten. Restliche Petersilie hacken.
Shrimps und Petersilie unter den Reis mischen. Restliche Brühe angießen. Würzen. Heringe darauflegen und offen weitere 10 Minuten garen. Mit Zitronenspalten garniert servieren.

MALLORCIENISCHER SEEMANNSGRUSS
Auf Mallorca wird für dieses Küstengericht jede Art von Fisch verwendet. Mein erster Versuch mit grünen Heringen gelang so gut, daß ich das Rezept hiermit weiterempfehle.

BOMBAY-BILLIES TRAUM

INGWER-HERINGE
(10 Personen)

1 l Essig
300 g Zucker
16 Matjesfilets
400 g Zwiebeln
30 g frischer Ingwer
50 g Meerrettichwurzel
3 TL Pimentkörner
4 EL Senfkörner
2 Lorbeerblätter

Essig und Zucker aufkochen, bis sich der Zucker vollkommen gelöst hat. Sud abkühlen lassen.
Matjesfilets in mundgerechte Stücke schneiden. Zwiebeln schälen und in Ringe schneiden. Ingwer und Meerrettich ebenfalls schälen und in dünne Scheiben schneiden.
Alles abwechselnd in ein Glas schichten, dabei Pimentkörner, Senfkörner und Lorbeer mit einschichten. Den Sud darübergießen, so daß die Matjes bedeckt sind. Glas verschließen und kühl gestellt einige Tage durchziehen lassen.

BOMBAY-BILLIES TRAUM
Einen Matrosen, mit dem Spitznamen Bombay-Billy lernte ich in Hamburg kennen. Wo? Natürlich auf St. Pauli. Sein Seemannsgarn war abenteuerlich, sein Traum aber waren Ingwer-Heringe, die er bei jedem Landgang heißhungrig in einem kleinen Lokal auf der Reeperbahn bestellte.

6

HERINGS-
SCHWÄRMEREIEN
FÜR ZWEI

DER KLEINE IMBISS

Bitte Platz nehmen
zum kulinarischen Tête-à-Tête
mit Matjes, Bückling
und Co. Das ist ein wahrer
Gaumenschmaus
für zwei Fischfans, die voll auf
Herings-Köstlichkeiten
setzen.

CALCUTTA BOUND

Leinen los, und auf geht's in Richtung Indischer Ozean, wo Chili-Schärfe und Curry-Aroma den Gerichten die richtige Würze geben. „Homeward bound" sind daraus dann meine Blätterteigtaschen entstanden – schärfstens zu empfehlen!

CALCUTTA BOUND

BÜCKLING-CURRY-BLÄTTERTEIGTASCHEN
(2 Personen)

300 g tiefgefrorener Blätterteig
1 große Zwiebel
2 große Kartoffeln
2 EL Öl
1-2 EL Curry
2 TL Chilisauce
Salz, Pfeffer
100 g tiefgefrorene Erbsen
150 g Bücklingsfilet
1 Ei, getrennt

Blätterteig auftauen lassen. Zwiebel und Kartoffeln schälen und klein würfeln. Öl in einer Pfanne erhitzen und die Kartoffeln darin 5-8 Minuten anbraten. Zwiebelwürfel zufügen und mitbraten. Mit Curry, Chilisauce, Salz und Pfeffer kräftig würzen. Erbsen daruntermischen. Bückling zerpflücken und vorsichtig darunterheben. Abkühlen lassen.
Blätterteigplatten übereinanderlegen und ausrollen. Blätterteig in 4 Rechtecke (12 x 10 cm) schneiden. Füllung gleichmäßig darauf verteilen. Ränder mit Eiweiß bestreichen. Teig übereinanderklappen und die Ränder gut festdrücken. Blätterteig mit verquirltem Eigelb bestreichen und mit einer Gabel einstechen.
Im vorgeheizten Backofen bei 225 Grad 15-20 Minuten backen, bis sie goldbraun sind.

MEIN TIP
Aus den Teigresten radle ich Streifen aus oder schneide bzw. steche beliebige Formen aus, mit denen ich die Teigtaschen hübsch dekoriere.

Wichtig: Erst mit Eiweiß aufkleben und dann mit Eigelb bestreichen.

6. Kapitel

LUV UND LEE

SPARGEL-MATJES-SALAT
(2 Personen)

250 g weißer Spargel
250 g grüner Spargel
Salz
1 Prise Zucker
Erdbeeren zum Anrichten
4 Matjesfilets
1 Becher (125 g) Crème fraîche
(z. B. von Milram)
3 EL Joghurt
1 TL Honig
1 TL Senf
Pfeffer
1 EL Schnittlauchröllchen

Weißen Spargel schälen und die Enden kurz abschneiden. In Salzwasser mit einer Prise Zucker 5-8 Minuten kochen.
Grünen Spargel waschen und die Enden großzügig abschneiden. In Salzwasser mit einer Prise Zucker je nach Dicke 4-6 Minuten kochen. Spargel abgießen, kalt abschrecken und abtropfen lassen.
Erdbeeren waschen und putzen. Matjesfilets trockentupfen.
Crème fraîche mit Joghurt, Honig und Senf verrühren. Mit Salz und Pfeffer abschmecken.
Spargel, Erdbeeren und Matjes zusammen mit der Sauce anrichten und mit Schnittlauchröllchen bestreuen.

Dazu Baguettescheiben und Butter reichen.

MEIN TIP
Sollten die Erdbeeren noch nicht das volle Aroma und die Süße haben, die Sie sich wünschen, besorgen Sie sich in der Apotheke eine Einwegspritze, ziehen Sie diese mit flüssigem Süßstoff auf und spritzen ihn in die Erdbeeren.

LUV UND LEE
Backbord und Steuerbord, Luv und Lee, rechts und links, wie gehört das auf einem Schiff zusammen?
Steht man in Schiffsrichtung, ist die Backbordseite linker Hand und wird mit roten Positionslichtern gekennzeichnet, Steuerbord (grün) ist also rechts. Luv ist die dem Wind zugekehrte Seite. Steht man Lee, befindet man sich auf der Wind abgekehrten Seite.

NORDSEEWELLEN

Die Nordsee ist nur ein kleines „Meer", gerade mal 30 Meter tief. Doch die Wellen, die an Sommertagen so harmlos auf den Strand laufen, können bei Sturm gefährliche Kraft entwickeln: In der Nordsee sinken mehr Schiffe als im sagenumwobenen Bermuda-Dreieck.

NORDSEEWELLEN

MATJES MIT FRISCHKÄSE-SAUCE
(2 Personen)

4 Matjesfilets
1 rote Zwiebel
1 Apfel
Saft von ½ Zitrone
100 g Doppelrahmfrischkäse
2 EL Milch
2 EL Crème fraîche
Salz, Pfeffer
Dill zum Garnieren

Matjesfilets abspülen und trockentupfen. Zwiebel schälen und in hauchdünne Ringe schneiden. Apfel vierteln, Kerngehäuse entfernen. Drei Viertel in dünne Scheibchen schneiden, restliches Apfelviertel würfeln. Äpfel sofort mit Zitronensaft beträufeln.
Matjesfilets auf eine Platte legen. Mit Zwiebelringen und Apfelscheibchen bedecken.
Frischkäse mit Milch, Crème fraîche und Apfelstückchen verrühren. Salzen, pfeffern und die Sauce über die Matjes geben. Mit Dill garnieren.

STRANDGEFLÜSTER

Das sind die Highlights für Küstenurlauber: Baden, Wattenlaufen, sich im Strandkorb aalen, Kutter fahren, Krabben pulen, Strandsegeln, Surfen und der Genuß einer frischen Fischküche. Geheimtips werden da oft nur im Flüsterton weitergegeben!

STRANDGEFLÜSTER

ÜBERBACKENER BÜCKLINGSTOAST
(2 Personen)

2 Eier
Salz, Pfeffer
2 Bücklinge
2 Scheiben Weißbrot
1 EL Butter
1 EL geriebener Parmesan
1 Bund Schnittlauch

Eier mit Salz und Pfeffer verschlagen. In einer beschichteten Pfanne Rührei braten.
Bücklinge von Haut und Gräten befreien und filetieren.
Weißbrotscheiben in der Butter von einer Seite rösten. Auf die ungeröstete Seite das Rührei und den Bückling verteilen. Mit Parmesan bestreuen und kurz übergrillen. Mit Schnittlauchröllchen bestreuen.

STRANDSEGLER

Die Gemeinde der Strandsegler und alle, die es gerne lernen möchten, trifft sich in St. Peter Ording. Denn dort lädt der weite Sandstrand zu dieser rasanten Sportart ein. Wenn der Wind tüchtig bläst, flitzen die segelbootartigen Gebilde auf Rädern über den Strand, daß es eine helle Freude ist. Wieder zu Hause, sind meine kulinarischen Strandsegler genau das richtige, um sich zu stärken.

STRANDSEGLER

MATJES AUF SCHINKENRÖSTI
(2 Personen)

2 große Kartoffeln
1 Scheibe gekochten Schinken
1 Ei
Salz, Pfeffer
1 Messerspitze Curry
etwas Öl zum Braten
1 Zwiebel
1 kleiner Apfel
½ Bund krause Petersilie
2 Matjesfilets
1 EL Preiselbeeren

Kartoffeln schälen und auf einer Reibe grob raspeln. Schinken würfeln. Ei mit einer Gabel verschlagen, Kartoffeln und Schinken daruntermischen. Mit Salz, Pfeffer und Curry mischen. Etwas Öl in einer Pfanne zerlassen und kleine Rösti von beiden Seiten goldbraun backen.

Zwiebel schälen und in dünne Ringe schneiden. Apfel waschen, Kerngehäuse ausstechen und den Apfel in dünne Ringe schneiden.

Petersilie abbrausen, gut trockentupfen und von den Stielen zupfen. Einen Schuß Öl ins Bratfett geben und die Petersilie darin fritieren. Auf Küchenpapier abtropfen lassen.

Rösti mit Matjesfilets, Zwiebel- und Apfelringen belegen. In die Apfelringe Preiselbeeren geben. Alles mit kross gebratener Petersilie garnieren.

TONNENLEGERS PROVIANTPAKET

Sie verdienen ihr Brot mit harter körperlicher Arbeit. Tonnenleger kennzeichnen bei Wind und Wetter Fahrrinnen, Untiefen oder Wracks mit Bojen und fest verankerten Tonnen, um vorbeifahrende Schiffe vor Gefahren zu warnen.
Zu Hause essen sie Kräftiges, wie Röstis mit Bückling und Rührei.

TONNENLEGERS PROVIANTPAKET

BÜCKLING UNTER DER HAUBE
(2 Personen)

1 Packung tiefgefrorene Rösti (400 g)
2 Bücklinge
2 Eier
2 EL Schlagsahne
1 Prise Salz
1 EL eingelegte grüne Pfefferkörner
gehackte Petersilie zum Bestreuen

Rösti nach Packungsanleitung zubereiten.

Bücklinge von Haut und Gräten befreien. Eier, Sahne, Salz und gehackte Pfefferkörner verschlagen. In einer beschichteten Pfanne Rührei braten.

Bücklingsfilets auf die Rösti geben und mit dem Rührei bedecken. Mit Petersilie bestreuen.

7

DIE BESTEN
PARTNER
KRÄFTIGE BEILAGEN ZUM HERING

Kartoffeln in vielen phantastischen Variationen führen die Beilagen-Hitliste an.
Gefolgt von frischen Salaten, pikanten Saucen und würzigen Chutneys.

PAPRIKA-APRIKOSEN-CHUTNEY

(10 Personen)

400 g Paprikaschoten
(rot und grün)
400 g getrocknete Aprikosen
1 Bund Frühlingszwiebeln
¼ l Kräuteressig
250 g Zucker
2 TL Senfkörner
1 kleines Gläschen Kapern
(mit Flüssigkeit)
2 EL Curry
1 EL Paprika-Edelsüß
½ TL Cayennepfeffer
Salz
½ TL Einmach-Hilfe

Paprikaschoten vierteln, putzen und dabei die weißen Kernchen und Rippen entfernen. Paprika waschen und klein würfeln. Aprikosen in nicht zu kleine Stücke schneiden. Frühlingszwiebeln putzen, waschen und in Ringe schneiden.
Alle Zutaten in einen Topf geben. Essig, Zucker und die Gewürze (bis auf Salz) daruntermischen. Zum Kochen bringen und zugedeckt 20 Minuten köcheln lassen. Deckel abnehmen und unter Rühren solange weiterkochen bis eine sämige Masse entstanden ist. Mit Salz abschmecken. Einmach-Hilfe einrühren und sofort randvoll in Gläser mit Twist-off-Deckel füllen. Gläser verschließen, umdrehen und 5 Minuten auf dem Deckel stehen lassen.
Das Chutney hält sich mehrere Monate.

ZUCCHINI-CHUTNEY

(10 Personen)

1 kg Zucchini
400 g Zucker
400 ml Weißweinessig
1 Schuß Weißwein
2 EL Mango-Chutney
1 EL Curry
3 Nelken
1 Zimtstange
1 TL Senfkörner
1 Lorbeerblatt
Salz

Zucchini waschen und würfeln.
Zucker, Essig, Weißwein, Mango-Chutney, die Gewürze und 1 EL Salz aufkochen. Zucchini portionsweise hineingeben und 1 Minute kochen.
Zucchini mit einer Schaumkelle herausnehmen. Die Gläser sollten ¾ voll gefüllt sein.
Sud etwa 10 Minuten einkochen lassen, mit Salz abschmecken und kochend heiß über die Zucchini gießen. Gläser mit Twist-off-Deckeln verschließen, umdrehen und 5 Minuten auf den Kopf stellen.
Dieses Chutney hält sich kühl gestellt mehrere Monate.

ZITRONEN-KARTOFFELN

(4 Personen)

1 kg Kartoffeln
Salz
1 Zwiebel
1 Bund Petersilie
4 EL Butter
abgeriebene Schale und
Saft 1 Zitrone (unbehandelt)
schwarzer Pfeffer aus der Mühle

Kartoffeln schälen und in etwa 2 cm große Würfel schneiden. Kartoffeln in leicht gesalzenem Wasser ca. 3 Minuten kochen.
Zwiebel schälen und würfeln. Petersilie abbrausen, trockenschütteln und hacken.
Butter erhitzen und die Zwiebeln darin glasig dünsten. Zitronenschale und -saft, sowie Petersilie zugeben. Mit Salz und Pfeffer würzen. Kartoffeln abgießen und zufügen. In der Sauce vorsichtig wenden, so daß alle Kartoffeln mit Sauce bedeckt sind.
Alles in eine flache Auflaufform geben und im vorgeheizten Backofen bei 185 Grad 50-60 Minuten goldgelb und knusprig braun backen.

KARTOFFEL-KNOBLAUCH-PÜREE

(6 Personen)

750 g Kartoffeln
Salz
4 Knoblauchzehen
2 EL gemahlene Mandeln
75 ml Olivenöl
1 EL Weißweinessig
Pfeffer aus der Mühle

Kartoffeln schälen, waschen und in Stücke schneiden. In Salzwasser ca. 25 Minuten kochen. Kartoffeln abgießen und zu Mus stampfen. Knoblauch pellen und dazupressen. Mandeln und Olivenöl darunterrühren und das Püree mit Essig, Salz und Pfeffer abschmecken.

BLECH-KARTOFFELN
obere Reihe

(4 Personen)

1 kg neue Kartoffeln
(möglichst gleich groß, damit sie gleichzeitig garen)
etwas Fett fürs Blech
1 EL Öl
grobes Meersalz
schwarzer Pfeffer aus der Mühle
Kümmel

Kartoffeln unter fließendem Wasser mit einer Bürste kräftig abbürsten, längs halbieren und mit der Schnittfläche nach unten auf ein gut gefettetes Backblech legen. Mit Salz, Pfeffer und Kümmel kräftig würzen. Im vorgeheizten Backofen bei 225 Grad 40-60 Minuten backen. In den letzten 10 Minuten mit etwas Öl bepinseln.

MEIN TIP
Zu gebratenen oder gegrillten Heringen reiche ich gerne Kartoffeln nach provenzalischer Art. Statt Kümmel nehme ich dann getrocknete Kräuter der Provence oder frischen Rosmarin, Thymian und Salbei aus dem Garten. Blech und Kartoffeln bestreiche ich mit Olivenöl. Köstlich schmecken dazu frische Knoblauchzehen, die ich auch auf dem Blech verteile.

BALLON-KARTOFFELN
mittlere Reihe

(4 Personen)

4 große mehlige Kartoffeln
Salz

Kartoffeln mit einer Bürste unter fließendem Wasser abschrubben und gut trocknen.
Jede Kartoffel waagerecht halbieren. Kartoffeln mit der Schnittfläche nach oben auf den Rost legen. Aufpassen, daß sie sich nicht berühren. Kartoffeln dünn mit Salz bestreuen.
Im vorgeheizten Backofen bei 220 Grad etwa 30 Minuten backen. Dabei bildet sich eine dünne Haut, die sich ballonähnlich wölbt. Nach dem Wölben die Kartoffeln noch 5 Minuten im Backofen lassen.

SPECK-KARTOFFELN
untere Reihe

(4 Personen)

800 g kleine festkochende Kartoffeln
Salz
150 g Frühstücksspeck,
dünn geschnitten
2 EL Butterschmalz
Holzstäbchen

Kartoffeln waschen und in kochendem Salzwasser ca. 20 Minuten garen.
Kartoffeln pellen und mit je einer Speckscheibe umwickeln. Mit einem Holzstäbchen feststecken.
Kartoffeln im heißen Butterschmalz von allen Seiten ca. 5 Minuten goldbraun braten.

ZWIEBELN IN ROTWEIN

(4 Personen)

500 g Zwiebeln oder Schalotten
5 Gewürznelken
1 Lorbeerblatt
$1/8$ l Rotwein
$1/8$ l Fleischbrühe (Instant)
1 Schuß Madeira
1 kleiner Zweig Rosmarin
oder 2 TL getrockneter
einige Stiele Thymian
oder 1 TL getrockneter
1 Prise Zucker
1 TL Salz

Zwiebeln oder Schalotten schälen. Zwiebeln je nach Größe halbieren oder vierteln. 1 Zwiebel mit Nelken und Lorbeerblatt spicken.
Alle Zutaten zusammen in einen Topf geben und zugedeckt bei mäßiger Hitze, je nach Größe der Zwiebeln, 20-25 Minuten weich kochen. Abkühlen lassen.

MEERRETTICH-ROTE-BETE-SAUCE

(4 Personen)

4 rote Bete
1 mittelgroßer frischer Meerrettich
2-3 EL brauner Zucker oder Honig
schwarzer Pfeffer aus der Mühle
175-250 ml Obstessig

Rote Bete mit der Schale 50-60 Minuten kochen. Mit kaltem Wasser abspülen und schälen. Rote Bete grob zerkleinern und mit dem Pürierstab pürieren.
Meerrettich schälen und mit einer Reibe oder Küchenmaschine raspeln. Mit den roten Beten mischen. Mit Zucker, Pfeffer und Essig abschmecken. In einem Schraubglas im Kühlschrank aufbewahren. Schmeckt zu gebratenen Heringen, Matjes und Bismarckhering.

MEIN TIP

Frischer Meerrettich ist sehr scharf. Es ist daher ratsam, bei der Zubereitung Gummihandschuhe zu tragen und sich nicht die Augen zu reiben – es brennt höllisch!

SÜDFRUCHT-SALAT

(4 Personen)

1 Kopf Salat
(z.B. Lollo Rosso oder Eisberg)
50 g getrocknete Datteln
50 g getrocknete Feigen
1 Becher (200 g) Speisequark,
20% Fett i.Tr. (z.B. von Milram)
Saft von 1-2 Zitronen
Zucker zum Süßen
1 Orange

Kopfsalat waschen, in einer Salatschleuder trockenschleudern und in Streifen schneiden.
Datteln und Feigen hacken. Quark mit Zitronensaft zu einer Sauce rühren. Datteln und Feigen darunterziehen und mit Zucker leicht süßen. Salat mit der Fruchtsauce mischen. Orange wie einen Apfel schälen und in dünne Scheiben schneiden. Den Salat damit garnieren.

SARDELLEN-SAUCE

(4 Personen)

2 hartgekochte Eigelb
2 TL Sardellenpaste
2 EL Öl
4 EL Essig
1 Prise geriebene Muskatnuß
Pfeffer aus der Mühle
1 EL fein gehackte Petersilie

Eigelbe mit einer Gabel zerdrücken und nach und nach mit Sardellenpaste, Öl und Essig glattrühren.
Mit Muskat und Pfeffer abschmecken und die Petersilie darunterziehen.

SAUERKRAUT-SALAT

(4 Personen)

500 g Sauerkraut
1 Dose (240 ml) Ananasscheiben
3 EL Tomatenpaprika
(aus dem Glas)
1 großer säuerlicher Apfel
1 große Gemüsezwiebel
1 Becher (150 g) saure Sahne
(z. B. von Milram)
4 EL Mayonnaise
Salz, Pfeffer
1 Prise Zucker

Sauerkraut zerpflücken. Ananas abgießen, Saft auffangen. Ananas und Tomatenpaprika kleinschneiden. Apfel schälen und grob raspeln. Zwiebel schälen und fein hacken. Saure Sahne, Mayonnaise und 4 EL Ananassaft. Mit Salz, Pfeffer und Zucker abschmecken.
Die Sauce mit den vorbereiteten Zutaten mischen. Den Salat einige Stunden im Kühlschrank durchziehen lassen.

MARINIERTER CHINAKOHL

(12 Personen)

1 Chinakohl
1 l Wasser
100 g Salz
2 kleine Chilischoten
1 walnußgroßes Stück Ingwer
2 Knoblauchzehen
2 EL Öl
2 EL brauner Zucker
$1/8$ l Weißweinessig
4 EL Sojasauce
$1/4$ l klare Hühnerbrühe (Instant)
Salz

Chinakohl putzen, waschen und grob zerkleinern. Wasser mit Salz aufkochen und über den Chinakohl gießen. Über Nacht im Kühlschrank durchziehen lassen.
Chinakohl abgießen und unter klarem Wasser abspülen. Gut abtropfen lassen.
Chilischoten längs aufschlitzen, die Kernchen herausspülen und die Schoten fein würfeln. Ingwer und Knoblauch schälen und ebenfalls würfeln. Öl erhitzen. Chili, Ingwer und Knoblauch darin andünsten. Zucker darüberstreuen, mischen und mit Essig ablöschen. Sojasauce und Brühe angießen und einmal aufkochen. Mit Salz abschmecken. Heiß über den Chinakohl gießen und 1-2 Tage kühl gestellt durchziehen lassen.

GURKEN-SALAT

(4 Personen)

1 Salatgurke
4 EL saure Sahne
(z. B. von Milram)
Saft von $1/2$ Zitrone
1 Eigelb
1 EL Öl
Salz
schwarzer Pfeffer aus der Mühle
1 Prise Zucker
$1/2$ TL Fenchelsamen
2 EL gehackten Estragon oder Kerbel

Gurke waschen und in dünne Scheiben schneiden.
Saure Sahne, Zitronensaft, Eigelb und Öl verrühren. Mit Salz, Pfeffer und Zucker abschmecken. Fenchelsamen in einem Mörser zerstoßen und mit dem Estragon oder Kerbel unter die Sauce rühren. Mit den Gurkenscheiben mischen.

HEISSER GOLDFISCH

(4-6 Personen)

1 kg mehlige Kartoffeln
Salz
½ Becher (100 g)
Milram Frühlings Quark
Pfeffer
500 g Möhren
1 mit Paprika gefüllte Olive
1 gelbe Paprikaschote

Kartoffeln schälen, vierteln und in leicht gesalzenem Wasser 25-30 Minuten kochen. Kartoffeln abgießen und stampfen. Quark darunterrühren. Mit Salz und Pfeffer abschmecken.
Kartoffelpüree auf einer ovalen Platte zu einem Fisch formen.
Möhren schälen und in Scheiben schneiden. Den Fisch schuppenartig mit den Möhrenscheiben belegen. Als Maul und Auge eine Olivenscheibe darauflegen. Aus der gelben Paprikaschote eine Rückenflosse schneiden.
Im vorgeheizten Backofen bei 220 Grad ca. 15 Minuten backen.

REZEPT-REGISTER

A
Aalrauch-Matjes mit Tsatsiki-Quark.................................42
Alle Mann an Bord..59
Alle Mann an die Brassen..47
Anker gelichtet...38

B
Ballonkartoffeln...87
Bi uns to Hus...38
Bismarckheringe, eingelegte..28
Blechkartoffeln..86
Bohnen-Matjes-Salat...59
Bombay-Billies-Traum..73
Bratheringe, eingelegte..35
Bratheringe, traditionell..24
Bückling-Curry-Blätterteigtaschen..................................76
Bückling in pikanter Sauce..55
Bücklinge mit Senfcreme..24
Bücklinge, überbacken..38
Bücklingsboller..50
Bücklings-Pfannkuchen..45
Bücklingstoast, überbacken...80
Bückling unter der Haube..81

C
Calcutta Bound..76
Chianti-Risotto zu Aalrauch-Matjes................................69
Chicoréesalat mit Bückling..58
Chinakohl, marinierter...89

D
Daddeldus Delight...22

Rezeptregister

E

Ein Gedicht von Ringelnatz..................................47
Eingelegte Bismarckheringe..................................28
Eingelegte Bratheringe im Glas..............................35
Eingelegte Heringe im Glas, pikante.........................30
Erhitzte Matjes...46

F

Folienkartoffeln mit Matjes und Joghurt-Sahne...........42
Frühlings-Matjes..59
Funkelnde Abendsonne..24

G

Gebratene grüne Heringe.....................................18
Gefüllte Paprikaschoten mit Bückling........................68
Gegrillte Heringe...63
Gerollte Matjes auf Apfelringen.............................51
Getümmel im Buddelschiff....................................35
Goldfisch, heißer...90
Grand Monarchs Festtagsmahl.................................24
Grüne Heringe, gebratene....................................18
Gurkensalat...89

H

Hamburg Ahoi..21
Hafen in Sicht..64
Heiße Schaluppen..42
Heißer Goldfisch..90
Hering, jung und stramm.....................................28
Hering, pickled...35
Heringe à la Jovanka..63
Heringe, chinesische Art....................................65
Heringe, gegrillte..63
Heringe im Speckmantel......................................46
Heringe in Folie..47
Heringe in Rotwein..29
Heringe in Salbeibutter.....................................71
Heringe in Salzkruste.......................................66
Heringe in Sauerrahm..34
Heringe mit Lauchzwiebeln...................................41
Heringe mit Zitronensauce...................................62
Heringe nach Hausfrauenart..................................22

Heringe sizilianisch..64
Heringe, überbackene im Tontopf.............................44
Heringsauflauf..38
Heringsgeschnetzeltes auf Blinis............................43
Heringshappen in Zwiebel-Eigelb.............................50
Heringskartoffeln, überbacken...............................46
Herings-Kedgeree..69
Heringspastete..64
Heringssalat..53
Heringssalat, roter...69
Heut geht es an Bord..52

I

Imbiß am Kielkanal..31
Immensee-Bücklingsplatte....................................55
Ingwer-Heringe..73

K

Käpt'n Cooks Katerfrühstück.................................55
Kartoffel-Knoblauch-Püree...................................85
Kartoffelsalat mit Matjes...................................54
Klabautermanns Nachtschmaus.................................34
Klutstockspringers Stärkung.................................20
Kräuter-Hering in Pergament.................................70
Kurs Mittelmeer...70
Kurs Süd-West...31

L

Labskaus..25
La Paloma...31
Leinen los..44
Liebesmahl der Venus..55
Linsen-Curry mit Matjes.....................................71
Leuchtturm-Feuer..71
Lotse an Bord...34
Lotsenliebe...30
Luv und Lee...79

M

Makkaroni mit Bückling, überbacken 72
Mallorcienischer Seemannsgruß 73
Marinierter Chinakohl 89
Matjes auf Schinkenrösti 81
Matjes mit Specksauce 47
Matjes, erhitzte 46
Matjes, gerollte auf Apfelringe 51
Matjes in Dill 31
Matjes in Dillrahm 31
Matjes in geschlagener Sahne 32
Matjes in Sahnesauce 21
Matjes-Melonen-Salat 57
Matjes mit Frischkäsesauce 80
Matjes mit grünen Bohnen,
 Specksauce und Pellkartoffeln 20
Matjes-Party-Dips 56
Matjessalat 55
Matjes-Staudensellerie-Salat 55
Matjestartar 52
Matjestartar auf gebratenen Weißbrotscheiben 50
Matjestopf 31
Matjestopf mit Gurkenhappen 30
Meerrettich-Rote-Bete-Sauce 88

N

Neapolitanischer Fischerschmaus 72
Nordseewellen 80

P

Packeis in Sicht 35
Paella mit gebratenen Heringen 73
Pantry-Zauberei 58
Paprika-Aprikosen-Chutney 84
Paprikaschoten, gefüllte 68
Passat vor Palermo 64
Pickled Hering 35
Pikant eingelegte Heringe im Glas 30
Pinien-Heringe 72
Piratenliebe 50

R

Rettungsringe 46
Rolling home 51
Rote Bojen aus der Adria 68
Roter Heringssalat 69

S

Salat Niçoise mit Matjes 64
Sardellensauce 88
Sauerkraut-Bücklings-Auflauf 47
Sauerkrautsalat 89
Schätze aus dem Laderaum 66
Schimmelreiter 18
Schleusenwärters Neujahrsgruß 29
Seemannsballade 41
Seemannsgarn 47
Seemannsglück 45
Shanghai-Heringe 72
Shalom, Benjamin 64
Shantyman's Snack 54
Sizilianische Heringe 64
Skippers Frühstück 69

Smutjes Zwischenmahlzeit..62
Sonnendeck..58
Spargel-Matjes-Salat..79
Speckkartoffeln...87
Spinatsalat mit roten Bohnen und Matjes.....................58
Steife Brise..32
Störtebekers Dip...56
Strandgeflüster...80
Strandsegler..81
Sturm im Wasserglas..30
Südfruchtsalat..88
Südseetraum..57
Südwester im Sturm...53

T

Tampentrecker..50
Tomatenheringe...34
Tonnenlegers Proviantpaket.......................................81
Toskana Fernweh..71
Traditionelle Bratheringe..24
Träume am Jadebusen..46

U

Überbackene Bücklinge..38
Überbackene Heringe im Tontopf................................44
Überbackene Heringskartoffeln..................................46
Überbackene Makkaroni mit Bückling.........................72
Überbackener Bücklingstoast.....................................80

V

Von Kontinent zu Kontinent..72
Von Piräus nach Helgoland...72
Von Shanghai nach St. Pauli.......................................65
Vor Anker liegen...69

W

Wanderdünen..42
Wellenreiter...43
Westwind...59
Wikingerschmaus...69

Z

Zitronen-Kartoffeln..85
Zucchini-Chutney...85
Zwiebeln in Rotwein...88
Zwischen Teer und Tauwerk.......................................50
Zwischendeck..46